PLUS MAL AU VENTRE

Enfin des solutions aux problèmes gastro-intestinaux

C'est naturel, c'est ma santé

PLUS MAL AU VENTRE

Enfin des solutions aux problèmes gastro-intestinaux

Dr Max Tétau & Dr Daniel Scimeca

Éditions Alpen
Alpen Éditions
9, avenue Albert II
98000 Monaco

Daniel Scimeca est médecin, homéopathe, phyto aromathérapeute, acupuncteur et sophrologue. Il préside la fédération française des sociétés d'homéopathie et est l'auteur de très nombreux ouvrages dans le domaine des médecines alternatives. Il est le rédacteur en chef de la revue "les cahiers de biothérapie".

Du même auteur :
Plus jamais fatigué ! Éditions Alpen, Monaco.
Votre santé par les huiles essentielles. Éditions Alpen, Monaco.
Les plantes du bonheur. Éditions Alpen, Monaco.
Le guide de phytothérapie. Éditions Alpen, Monaco.
L'homéopathie pour les nuls, Éditions first

Le Dr Max Tetau nous a quitté en juillet 2012 après une carrière de prés de soixante années en qualité de pharmacien d'abord puis de médecin homéopathe, phytothérapeute et acupuncteur. Il est le fondateur de la fédération française des sociétés d'homéopathie et de la revue les cahiers de biothérapie. Il est une figure emblématique et fut un chercheur infatigable dans le domaine des médecins alternatives et complémentaires. On lui doit l'utilisation des bourgeons de plante, des champignons et des roches dans la pharmacopée, mais aussi de grandes avancées dans la notion de terrain.

Du même auteur :
Rhumatismes : votre ordonnance naturelle. Éditions Alpen, Monaco.
Votre santé par les huiles essentielles. Éditions Alpen, Monaco.
Le guide de phytothérapie. Éditions Alpen, Monaco.

Pour la présente Édition

9, avenue Albert II
MC - 98000 MONACO
Tél. : *00377 97 77 62 10*
Fax : *00377 97 77 62 11*

Direction : *Christophe Didierlaurent*
Suivi éditorial : *Fabienne Desmarets*
Mise en page et infographie :
Alexandre Milhem - Stéphane Falaschi

Crédits photos :
Dynamic Graphic, Image 100, Stockbyte, Digital vision, Image source, Banana Stock

Dépôt légal : *2014*

Imprimé en Union Européenne

Introduction

Les troubles fonctionnels intestinaux, sans cause organique spécifiquement déterminée, représentent un important problème de santé publique : les colitiques sont légion. Ils représentent tout ce groupe des intestins sensibles. On parle de plus en plus fréquemment « d'allergies alimentaires ». Plus que d'allergie, ici, mettant en œuvre des mécanismes immunitaires complexes, centrés sur le conflit antigène-anticorps, il vaut mieux parler de sensibilité spécifique.
Au contact de certains aliments, la muqueuse intestinale réagit en sécrétant des substances inflammatoires déclenchant les troubles observés.

Tout le monde, peu ou prou, souffre du ventre. Les uns, le plus souvent des femmes, se plaignent de constipation chronique. D'autres signalent des diarrhées répétitives ou des alternances de constipation et diarrhées. Beaucoup se plaignent de gaz abondants gênants. Avoir quelques gaz est banal. Mais souffrir d'un météorisme abdominal devient à la longue une vraie infirmité. « Tous les aliments ingérés semblent se transformer en gaz » est une plainte que nous entendons fréquemment de la part de nos patients.

Les douleurs ventrales sont également cause de plaintes. Crampes, brûlures intestinales, gargouillis et borborygmes pénibles gâchent l'existence de beaucoup d'entre vous.

AVERTISSEMENT

Les informations contenues dans ce livre ne peuvent pas remplacer un avis autorisé. Avant toute automédication, consultez un médecin ou un pharmacien qualifié.

Des statistiques réalisées, il apparaît que 50 % des consultations en médecine générale sont en rapport avec un ventre douloureux. Chez le spécialiste gastro-entérologue, la proportion de ces handicapés du ventre monte à 70 %. C'est tout à fait considérable.

D'entrée, il faut évidemment éliminer toute origine organique. Nous ne devons pas évidemment passer à côté d'ulcérations, de tumeurs, d'une parasitose ou de tout autre problème lésionnel.

Un test facile à réaliser : la recherche de sang dans les selles.

Un réactif extrêmement sensible à la présence de sang humain, l'Hémoccult®, a été récemment mis au point. Il suffit de le mettre en œuvre 3 jours de suite pour détecter la moindre trace de sang humain. Cette répétition du test pendant 3 jours d'affilée est nécessaire pour ne pas manquer le diagnostic.

Si aucune trace de sang n'est relevée, c'est très bon signe : vraisemblablement aucune lésion organique n'est sous-jacente. Si un des prélèvements est positif, cela n'a rien d'inquiétant car de banaux polypes bénins peuvent saigner, mais un cancer aussi. Il convient de poursuivre l'exploration intestinale.

Autrefois, on pratiquait une radio par simple lavement baryté. Cela était nettement insuffisant. Aujourd'hui, on proposera une coloscopie qui permettra d'étudier plus précisément l'intérieur du côlon – le gros intestin –, de poser un diagnostic de tumeur, de retirer à la pince les petits polypes fréquents et de les analyser. Cette coloscopie, selon les résultats, sera complétée éventuellement par un scanner abdominal et/ou un examen par résonance magnétique nucléaire (IRM).

Dans certains cas, la coloscopie pourra être remplacée par une radiographie spéciale numérisée en double contraste, un coloscanner. Les photos obtenues sont spectaculaires mais les résultats nous paraissent moins probants qu'une coloscopie réalisée par un spécialiste compétent.
Cette radio spéciale ne permet pas non plus les prélèvements tissulaires indispensables. Ces examens très spéciaux seront complétés par des recherches plus banales, par exemple :
- analyse de selles avec recherche des parasites, bactéries, champignons (mycose) ;
- et surtout échographie abdominale permettant sans douleur d'obtenir une image des principaux viscères contenus dans la cavité abdominale : foie, rate, pancréas, intestin grêle et côlon.

Chez les enfants souffrant du ventre – ils sont nombreux –, une échographie systématique permettra d'orienter le diagnostic vers une appendicite, en visionnant un appendice gonflé sur le côté droit du côlon ascendant.

Ces examens effectués étant négatifs, on parlera alors de « syndrome du côlon irritable » ou de « syndrome de l'intestin irritable » correspondant à l'ancienne appellation de colites spasmodiques fonctionnelles.

TABLE DES MATIÈRES

LE « CERVEAU DU VENTRE »

Un intestin, pour quoi faire ?

Développement embryologique

Quelques heures après avoir été fécondé, l'œuf dans le ventre de sa mère, ici l'utérus, entreprend une longue série de divisions cellulaires pour devenir embryon puis fœtus.

De la première division sont issues deux cellules, les blastomères. Dès la 40e heure, quatre cellules sont créées. Puis vers la fin du 3e jour, le développement atteint seize cellules. L'œuf prend alors le nom de morula, pour évoquer la petite mûre à laquelle il ressemble.

Cette morula se creuse de deux cavités embryonnaires entre lesquelles un liquide apparaît puis se dispose, en deux feuillets, le disque embryonnaire.

L'un de ces feuillets est l'ectoderme ou ectoblaste, l'autre l'endoderme ou endoblaste, auxquels s'adjoint bientôt un 3e feuillet, le mésoderme ou mésoblaste.

À partir de là, l'embryon humain va subir une série de métamorphoses aussi merveilleuses que celles de la chrysalide avant de donner naissance au papillon resplendissant.

Vers le 18e jour se dessine le sillon neural. Il se soudera en tube neural pour produire la moelle épinière. C'est alors que l'extrémité antérieure se renflera pour donner le cerveau.

Chacun des trois feuillets embryonnaires aura ses responsabilités formatrices dans la structure globale du corps humain :

- l'ectoderme, feuillet externe, donnera naissance au système nerveux, à la peau, aux cheveux et aux ongles ;
- le mésoderme, feuillet moyen, engendrera muscles et squelette osseux, cœur, appareil circulatoire et sang, organes génitaux, rate, reins ;
- l'endoderme fournira enfin thyroïde, poumon, foie, pancréas et tout le tube digestif, dont les intestins.

Côlon et intestin grêle ont donc une origine endodermique, ainsi que les poumons et la glande thyroïde. Cette origine commune implique des corrélations fonctionnelles importantes, des liaisons anatomophysiologiques.

Rôle physiologique

Le tube digestif joue un rôle fondamental dans le maintien de la santé. C'est à ce niveau que la nourriture est digérée, c'est-à-dire assimilée par l'organisme pour lui fournir l'énergie dont il a besoin.

Les aliments liquides avalés, les aliments solides broyés par les dents et imprégnés de salive sont déglutis et quittent ainsi la cavité buccale sous forme de bouillie homogène. Le bol alimentaire traverse l'œsophage, passe dans l'estomac où sous l'action du suc gastrique il est liquéfié. Transformé ainsi, il franchit le sphincter pylorique pour gagner le duodénum, partie initiale de l'intestin grêle. Là, il est soumis à l'action des sucs digestifs sécrétés directement par la muqueuse intestinale et reçoit ceux excrétés par la vésicule biliaire, la bile, le pancréas, le suc pancréatique.

La majeure partie de l'absorption des aliments digérés se fait ainsi au niveau de l'intestin grêle : duodénum, jéjunum, iléon, par le jeu des viscosités intestinales et de transporteurs transcellulaires.

Puis le bol alimentaire désagrégé, en partie digéré, passe dans le gros intestin, d'abord cæcum, puis côlon ascendant, transverse, descendant et sigmoïde.

Au niveau du côlon sont absorbés vitamines, sels minéraux, en particulier calcium. Le chyme s'épaissit par réabsorption de l'eau, se colore par les pigments biliaires, prend son odeur par l'intervention de dérivés soufrés.

Enfin, sigmoïde et rectum, partie terminale, sont le lieu de stockage des matières fécales ou fèces avant leur expulsion par défécation. L'aventure du bol alimentaire est terminée.

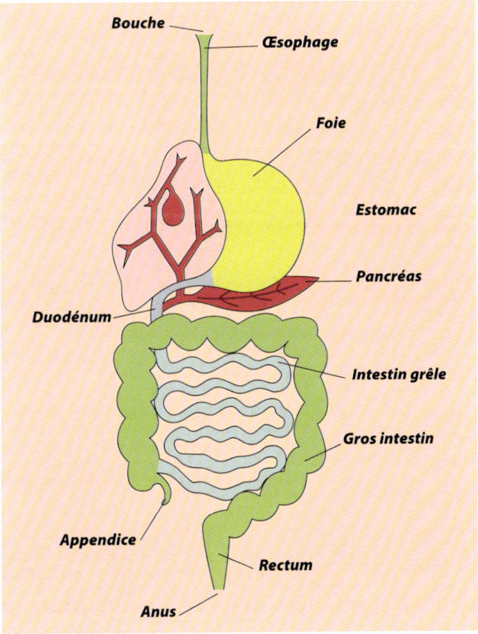

Le ventre et l'histoire

La nécessité de se nourrir pour survivre et, par-là même, celle de bien digérer ont toujours été l'objet d'une réflexion collective fécondant un inconscient archaïque commun à chacun d'entre nous. En même temps s'infléchit l'histoire marquée de longues guerres et luttes sanglantes pour conquérir les zones de nourriture abondante.

Le ventre dans l'antiquité

Déjà, dans l'antique Babylone, le culte de Baal et d'Ischtar s'associait à de copieuses libations et banquets monstrueux. On sait qu'autour des temples consacrés à ces dieux, des prêtresses offraient aux pèlerins, moyennant dons offerts aux dieux, leur talent culinaire et les charmes de leur corps.

Le fabuleux géant mythique assyro-chaldéen Gilgamesh, qui, comme Noé, sauva le monde du déluge, appelait ses contemporains à se nourrir solidement le ventre par des repas copieux et fortement épicés.

Les Grecs honorèrent Dionysos, ancêtre du Bacchus romain. Fils de Zeus et de la fille du roi de Thèbes, Séléné, il est dieu de la vie et gouverne tous les liquides vitaux du monde vivant : sève des végétaux, sang, urine, lait, mais aussi vin et boissons fermentées. Il fit à l'humanité le cadeau de la vigne et du vin, organisa un culte en vastes ripailles largement arrosées, accompagnées de musiques sauvages, de façon à induire ivresse et transe mystiques. Ainsi espérait-on atteindre à l'immortalité par les orgies dionysiaques, vieux rêve qui sera repris par les Romains avec les orgies bachiques organisées par Bacchus aidé des bacchantes, femmes déchaînées et libérées.

Le dramaturge grec Aristophane illustre cette tradition dionysiaque. Au premier acte de sa comédie Lysistrata, ou la Guerre des femmes, deux personnages défèquent paisiblement sur le devant de la scène en devisant gravement sur la paix, la guerre et la grève du sexe.

Le Moyen Âge fut haut en couleur, mélangeant allègrement ventre et bas-ventre, intestin et sexe. François Villon, l'immense poète, mauvais garçon, voue un culte particulier à tout ce qui tourne autour du nombril des belles dames du temps passé.

De Gargantua au XIXème siècle

Mais le plus grand des chantres, en l'occurrence, fut évidemment le grand François Rabelais et l'adoration qu'il vouait à sire Gaster. Entre Grandgousier et Gargamelle, ce couple le plus géant de la littérature française, Gargantua épanouit son large tempérament et sa monstrueuse bedaine. Ventres et fonction intestinale y étaient à l'honneur et l'acte de manger ensemble s'accompagnait toujours de l'acte de se libérer ensemble. Au fil des lignes et à côté de considérations philosophiques profondes, voire ésotériques, ce ne sont que « grandes bouffes », digestions lourdes, flatulences, exonérations inondantes, les diarrhées deviennent fluviales et les gaz tempétueux. Les huîtres sont consommées par centaines. Tripes et abats sont dévorés. On ne fait qu'une bouchée d'un cuissot de bœuf, d'un jambon d'un porcin.
Il n'est pas étonnant que le désordre du ventre s'installe, témoignant du robuste appétit des gens en ayant les moyens. De vastes épidémies de choléra ravagèrent l'Occident. La dernière eut lieu au XIXe siècle. L'homéopathie créée par Hahnemann s'y illustra, guérissant plus de malades que les méthodes officielles.
Le roi Louis XIV soignait sa fistule rectale en mangeant force gibier, avant le recours à la lancette du chirurgien. Le ventre trop gros du pauvre Louis XVI révélait une mollesse de caractère qui le conduisit à l'échafaud. À Valmy (septembre 1792), première grande victoire républicaine, les armées de Dumouriez ne durent leur succès qu'aux désagréments intestinaux des troupes prussiennes du duc de Brunswick, gavées de raisins verts. Louis XVIII était obèse. Ses genoux goutteux ne lui coupaient pas l'appétit. Hormis le petit peuple affamé, les dirigeants grossissaient à vue de nez. Les menus des dîners officiels en témoignent, qu'ils soient soupers du roi ou banquets républicains. Cela n'empêchait pas les famines et il fallut attendre la fin du XIXe siècle pour que l'ère industrielle donna à manger au plus grand nombre.
Il n'est donc pas étonnant que sa majesté le ventre devienne le centre de nos préoccupations. En témoigne le traditionnel « Comment allez-vous ? ». Cette agréable politesse implique en fait qu'on s'enquière du transit intestinal de l'ami rencontré. C'est si banal qu'on a totalement oublié les racines de l'expression.

Le ventre, émotion ou sensation ?

Associer le monde émotionnel et le ventre est devenu désormais une chose très classique. Mais qu'entend-t-on exactement par monde émotionnel ? Que se passe-t-il exactement dans le ventre qui bouscule tant l'affectif et le ressenti ?

Le corps et la pensée indissociables

Un psychologue du début du XXe siècle nous aide à trouver la réponse, c'est Willem Reich. Psychologue et psychanalyste, disciple puis dissident de Freud (comme Jung), il s'intéresse au corps bien plus qu'au mental. Pour lui, soma (le corps) et psyché (la pensée) ne sont pas séparés, mais inextricables l'un de l'autre. Pour Reich, il existe dans le corps des cuirasses musculaires, au nombre de sept. Ces cuirasses se forment très tôt et sont le résultat de la cristallisation de frustrations, de stress, et d'émotions refoulées. Nous ne refoulons pas ce qui est insupportable dans l'inconscient (comme le dit l'école freudienne) mais dans le corps. Autrement dit, pour Reich, l'inconscient, c'est le corps, plus particulièrement les muscles. Cette vision, révolutionnaire pour l'époque, sera aussi celle de Jean-Paul Sartre qui refusait l'idée d'inconscient Freudien.

L'orgasme au secours des cuirasses

Si la cuirasse est à la fois physique, émotionnelle et affective, Reich décrit un moyen radical pour aider le patient à se libérer de cette cuirasse (laquelle est en réalité déjà une protection) : l'orgasme. Cet aboutissement de la tension créée par la stimulation sexuelle représente pour lui la véritable clé qui permet de libérer à la fois le corps, l'affect, la sensation et l'émotion.

Si les adeptes de Reich en ont parfois fait un instrument surprenant de thérapie, il convient de retenir qu'une vie sexuelle épanouie et relativement soutenue jusqu'à un âge avancé est gage de bonne santé du « cerveau émotionnel du ventre ».

Les cuirasses

Ces cuirasses sont la cuirasse oculaire, celle du front, du cou, du thorax, du diaphragme, de l'abdomen et la cuirasse pelvienne. Nous possédons tous plusieurs cuirasses, mais nous sommes tous concernés par les cuirasses thoraciques, diaphragmatiques et abdominales.

- Le thorax est le siège des émotions et est plutôt caractéristique de la psychologie masculine : je refoule mes émotions en verrouillant le lieu où elles demeurent (le thorax). J'ai des angoisses à la poitrine, je respire mal malgré mon air de rouler des épaules en me donnant une allure « macho ». « Un garçon, çà ne pleure pas ! ».
- L'abdomen est le siège des sensations et est plutôt caractéristique de la psychologie féminine. Je refoule mes sensations en verrouillant le lieu où elles demeurent (l'abdomen). J'ai de la colite, des spasmes et suis volontiers constipée. « Une fille qui exprime des sensations n'est pas une fille vertueuse ! ».

Si cette distinction (très schématique, la réalité est plus nuancée) explique qu'émotions et sensations résident dans des lieux différents et que la partie yin demeure dans le ventre alors que la partie yang demeure dans le thorax, il est un lieu de rencontre de ces deux forces complémentaires : le diaphragme. Lieu de la rencontre de nos émotions, nos pleurs, nos tristesses et de nos sensations, nos plaisirs, nos peurs, notre partie yang et notre partie yin, c'est la cuirasse la plus souvent bloquée et la clé régulière pour nous libérer de ces forteresses intérieures.

Les mauvaises idées au mauvais endroit et au mauvais moment

Willem Reich terminera sa vie en prison ! Il avait choisi de fuir l'Europe et le nazisme pour se réfugier au pays de la liberté. Mais l'Amérique d'alors supportait plutôt mal ses idées communistes, son point de vue sur l'orgasme comme remède universel et ses idées un peu trop ésotériques sur les orgones (grains d'énergie dans les cellules du corps).

Le ventre, un « second cerveau »

Depuis longtemps, on estime que bien des douleurs abdominales ont une origine nerveuse et résonnent au rythme des stress éprouvés.

Le ventre siège de nos émotions

Des soucis, des chagrins, des deuils, des émotions fortes, des situations anxiogènes, des conditions désagréables de travail, des ennuis conjugaux peuvent engendrer des maux de ventre parfois pénibles, des crises de colites insupportables.

En témoignent les enfants qui avant de partir à l'école se plaignent de vives douleurs du ventre ou encore ces étudiants en proie à de violentes diarrhées avant un examen important. Après avoir éliminé toute cause organique, il faut bien en conclure que le stress est en cause.

Cela ne signifie pas que les douleurs soient imaginaires. Elles sont hélas réelles. Mais l'hypersensibilité de la muqueuse intestinale n'est que l'aspect visible d'un trouble psychosomatique plus profond de nature cortico-cérébrale, la partie émergée de l'iceberg en quelque sorte.

Il y a encore peu on pensait que le syndrome colitique n'était dû qu'à des troubles de la motricité intestinale et à une perturbation de la péristaltique, cette onde mobilisatrice poussant irrésistiblement le bol alimentaire commandé par le système nerveux sympathique.

Une tunique musculaire, en effet, sous-tend toute la muqueuse intestinale. À ce niveau naissent des contractures, des spasmes, entraînant soit des diarrhées, soit au contraire une constipation opiniâtre, en tout cas toujours des douleurs à type de gonflement, brûlures, crampes. L'administration d'antispasmodiques, de laxatifs n'améliore que transitoirement cet état. Il faut viser plus haut.

Le plexus colitique

Des travaux récents ont montré que l'intestin, et même tout le tube digestif, peut être considéré comme un « second cerveau ». En effet, plus de 100 millions de neurones tapissent, depuis le carrefour pharyngé jusqu'à l'anus, le tractus digestif. Neurones moteurs, neurones sensitifs, voies nerveuses remontant au cerveau, voies efférentes s'entrecroisent en un vaste réseau dénommé « plexus colique ».
Cet ensemble complexe sécrète une multitude de neuromédiateurs dont plus de vingt sont actuellement connus et isolés. Ils produisent entre autre, tout comme les tissus du cerveau, la fameuse sérotonine, neuromédiateur indispensable au bon fonctionnement du système nerveux. Cette neurohormone commande le tonus, la sérénité, la jeunesse cognitive. Une sécrétion insuffisante en sérotonine engendre tristesse, mélancolie, dépression. Les grands dépressifs ont toujours un fonctionnement défectueux de l'intestin.
En revanche, un fonctionnement régulier du ventre est à l'origine des performances intellectuelles. Intestin et cerveau, même combat !
Le ventre est donc un important centre d'énergie vitale. « Avoir quelque chose dans le ventre », « avoir du cœur au ventre »... toutes ces locutions traduisent l'élan vital qui émane de l'abdomen pour stimuler tout le corps.
Il n'est donc pas étonnant que la tradition indienne place à ce niveau un des plus importants chakras, juste au-dessus du nombril, encore dénommé ombilic.
Ce chakra abdominal correspond à l'élément énergétique « feu », défini par la médecine traditionnelle, la médecine ayurvédique. Il correspond très précisément au « plexus solaire », centre nerveux anatomophysiologique qui forme deux ganglions semi-lunaires, point de passage et de regroupement des fibres du système nerveux sympathique. C'est lui qui, en cas de stress brutal, se contracte dans le creux de l'estomac, libérant de l'adrénaline et causant de vives douleurs qui accroissent l'angoisse.
Pour rester zen et performant, même dans les situations les plus difficiles, vous avez intérêt à veiller à la régularité de votre intestin.
Boire tous les matins, à jeun, un grand verre d'eau tiède. C'est une recette ayurvédique. Vous libérez votre ventre et vivifiez votre côlon. Vous affrontez sereinement les difficultés de l'existence.

Le ventre en Orient

Quiconque a déjà pratiqué une de ces disciplines venues d'Orient, telles que le yoga, le zen, le tai-chi-chuan ou le qi gong, connaît parfaitement l'importance centrale du ventre et de la respiration abdominale dans l'équilibre du corps et par là même de l'esprit.

Le « hara »

Cette manière de voir le ventre et la respiration est à ce point pertinente que d'autres disciplines l'ont adoptée. L'apprentissage du chant, la tenue d'un instrument de musique et jusqu'à la médecine du travail dans certains postes difficiles ont intégré qu'une respiration abdominale apportait davantage d'équilibre qu'une respiration superficielle.

Les Japonais l'appellent « hara » ; on retrouve ce terme dans le fameux hara-kiri, qui consiste à s'ouvrir le ventre pour se suicider de manière honorable en libérant son âme contenue dans ce même ventre. Pour les Japonais comme pour les Chinois et les Hindous, la région cruciale est la même ; elle se situe trois travers de doigt en dessous du nombril, donc pratiquement à mi-chemin entre l'ombilic et le début des poils pubiens.

Le hara est le centre de gravité du corps, au sens très physique du terme puisque c'est de cet endroit qu'un judoka va se servir pour faire basculer son adversaire, sans se servir de sa force mais simplement par le fait qu'il va venir placer son effort sur cette région et ainsi maîtriser l'équilibre de son adversaire.

Orient versus Occident

On dit d'une personne qui a toute sa force dans son ventre qu'elle est bien ancrée ! Cela peut se vérifier dans le métro aux heures d'affluence, lorsqu'il n'est pas forcément possible de se tenir. Les gens bien ancrés et ayant une posture correcte seront bien moins déséquilibrés que les gens ayant un hara mou, mal ancré, témoignant d'un état de stress plus ou moins permanent.
L'Orient a donc toujours donné une primauté au ventre alors qu'à l'opposé l'Occident a toujours été orienté sur le haut du corps. Ainsi les vertus occidentales ont-elles toujours été du côté de l'intellect (la tête) : la force et le courage (front, cou), l'amour et la passion (le thorax). Les vertus orientales sont celles de l'intuition, de la sagesse et la mesure (le ventre), de l'équilibre (les jambes), mais aussi de l'érotisme et de la sexualité harmonieuse.
Un travail utile sur soi-même ne consiste pas à changer de camp et à devenir oriental pour un Européen, mais à conquérir la partie qui lui manque, pour être plus complet.

Le massage du ventre en médecine chinoise

Le tui na, ou massage énergétique chinois, accorde une grande importance au ventre. Le tui na est un des piliers de la médecine traditionnelle chinoise. Un bon massage permet d'harmoniser les énergies et les émotions dans tout l'abdomen. Ainsi la colère est liée aux tensions sur le foie, la rumination et l'obsession aux tensions de la rate et la peur aux tensions du rein.

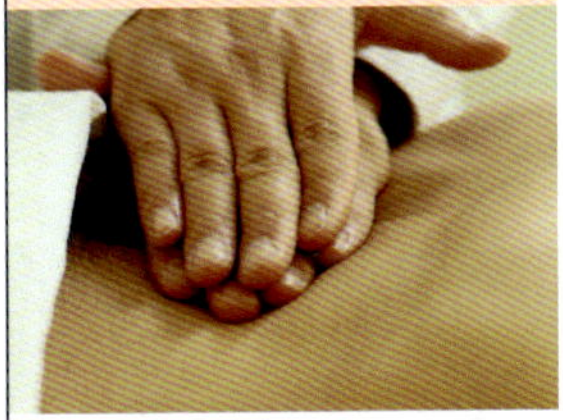

Un hara dur et un soleil calme !

Un test aisé pour savoir si nous sommes bien ancrés et si notre ventre possède une énergie équilibrée est de palper et de comparer la région du hara et celle du plexus solaire. On peut le pratiquer sur soi-même mais il est plus aisé de le tester sur autrui. En position allongée, la zone du hara (trois travers de doigt sous le nombril) doit être dense sans être dure et doit donner une sensation de plénitude. Au contraire, la région du plexus solaire (le creux de l'estomac) doit être détendue sans être molle et donner une sensation de détente. Si c'est le contraire (très souvent chez les stressés des villes), des changements dans le mode de vie et quelques exercices respiratoires quotidiens s'avèrent fort utiles.

Le ventre dans le monde judéo-chrétien

Le ventre a toujours eu une importance remarquable dans la tradition chrétienne. Il y symbolise, en effet, fécondité et heureuse digestion, gage de santé.

Les jeûnes du carême, le vendredi où il convenait de « faire maigre », tout cela était non seulement marque de piété religieuse, mais également excellente recette d'hygiène.

Le labyrinthe

Le labyrinthe, figure symbolique retrouvée dans différentes traditions crétoise, celtique, dessinée sur le sol de nombreuses cathédrales – le labyrinthe de la cathédrale de Chartres est justement célèbre. Or il s'agit là d'un dessin qui ésotériquement capture le mystère de la destinée humaine, mais également la trajectoire compliquée du tractus intestinal où s'élabore l'énergie indispensable à la vie incarnée.

Le labyrinthe appartient également à la tradition alchimique chrétienne dans laquelle il symbolise la complexité de la cornue de distillation, outil indispensable au grand œuvre et à l'obtention de la « materia prima ». Cette matière première est le point de départ indispensable à la fabrication de l'or potable et à la sublimation de l'esprit.

L'arbre séphirotique

Mais c'est à partir du décryptage des données de la kabbale judéo-chrétienne qu'apparaît la place stratégique

Cet arbre se symbolise ainsi :

1 - kether (la couronne, la volonté initiale) ;
2 - hocmâ (la sagesse, la semence de toutes choses) ;
3 - binà (l'intelligence, la matrice supérieure) ;
4 - hesedla (la grâce, l'amour, la bonté) ;
5 - geburà (la force, la rigueur) ;
6 - tiphereth (la miséricorde, la splendeur, la beauté) ;
7 - netzâ (la persévérance, la victoire) ;
8 - hod (la grandeur, la majesté) ;
9 - yesod (le fondement de toutes les énergies procréatrices) ;
10 - malchut (le royaume, la demeure de Dieu dans la création).

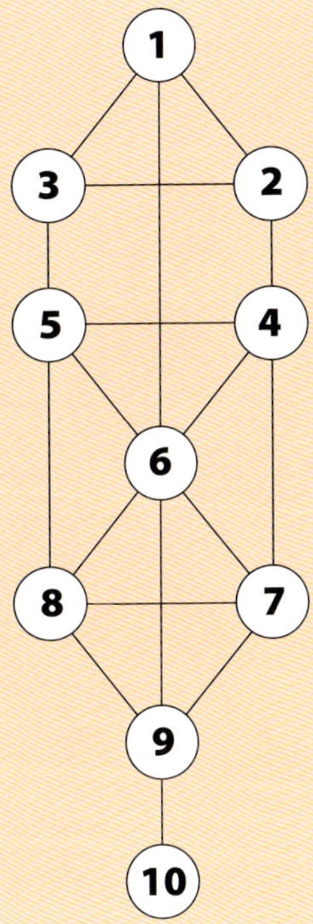

du ventre dans l'arbre des Séphiroth. L'arbre séphirothique est au cœur de la kabbale. Ces séphiroth représentent les dix nombres essentiels qui, avec les vingt-deux lettres de l'alphabet hébraïque, symbolisent le plan de toutes choses créées, en haut comme en bas. Ce sont les dix noms, vertus de Dieu.
L'arbre repose sur trois colonnes : colonne de droite, la Grâce ; colonne de gauche, la Force ; colonne du milieu, l'Équilibre Axial. Cette colonne du milieu figure le maître vaisseau par où s'écoule la « rosée divine » dans le ventre matrice inférieure.
Dans la création terrestre, seuls les sept séphiroth inférieurs sont manifestes, centrés sur l'ombilic. La triade supérieure est hors du temps et est inconcevable, irreprésentable.
L'importance de la représentation de ces dix énergies partant du ciel pour atteindre le ventre puis remontant vers le Très Haut telle l'échelle de Jacob a souvent inspiré la statuaire des églises gothiques.
Le Christ y est représenté avec un ventre volumineux, arrondi, centré sur l'ombilic où se dessinent en labyrinthe les volutes vibratoires de son intimité tissulaire.

ÉMOTIONS ET VENTRE INTIMEMENT LIÉS

La tête et les jambes

Ce titre fait référence à un jeu des débuts de la télévision, resté fort célèbre même si la plupart d'entre nous ne l'ont pas connu. Il consistait en un duel de deux équipes dans chacune desquelles un concurrent assurait le rôle des jambes (des épreuves sportives) et l'autre le rôle de la tête (des questions sur des sujets culturels). Sa célébrité est probablement due au fait qu'il est un archétype de la pensée européenne de l'après-guerre, avec le mythe du progrès et du triomphe de la pensée.

Le début du XXIe siècle est beaucoup plus influencé par d'autres modes de pensée, comme la systémique où le corps et l'esprit, la raison et l'instinct ne sont plus séparés mais interconnectés et dépendants l'un de l'autre. L'être humain épanoui et au maximum de ses possibilités est celui qui est à la fois « tête » et « jambes » et en même temps « tête + jambes ».
De nos jours, la pratique d'une activité physique régulière est considérée comme aussi importante qu'une activité culturelle et intellectuelle. Plus que cela, l'exercice physique oxygène le cerveau et purifie le métabolisme, ce qui permet un fonctionnement optimal des capacités intellectuelles. De même, tout exercice physique, si l'on souhaite qu'il soit bénéfique, ne doit pas se pratiquer n'importe comment mais exige désormais de notre part une réflexion sur la fréquence cardiaque à ne pas dépasser, le type d'effort à fournir en fonction des objectifs (résistance, endurance, amincissement). Autrement dit, il faut maintenant être un intellectuel pour être sportif et être un sportif pour être performant intellectuellement.

Cette interdépendance du physique et du mental se retrouve dans les troubles dont nous sommes si souvent victimes à la faveur de la vie urbaine et du stress. Raideurs du cou, problèmes de cervicales et migraines sont le lot de beaucoup d'entre nous qui vivons nos journées assis devant un ordinateur, à côté d'un téléphone. Les muscles du haut du corps sont contractés, tétanisés alors que tout se passe comme si le bas du corps n'existait pas. Au maximum du stress, ce sont les malaises vagaux, les crises de tétanie qui apparaissent, avec la sensation de ne pas toucher terre ou d'avoir les jambes en coton !
Ce déséquilibre complet de nos muscles et de notre schéma corporel trouve son origine dans le ventre et le diaphragme. La respiration abdominale, la méditation assise ou les gymnastiques douces basées sur l'énergie du ventre seront des clés pour un retour à l'harmonie.

Le grand tabou sexuel

Si le ventre fut si diabolisé au travers des siècles, c'est qu'il héberge une fonction biologique essentielle : la sexualité. Redonner sa vraie place au ventre, aux sensations, c'est renouer avec le sexe dans sa dimension la plus corporelle. Loin de l'amour platonique ou de l'amour courtois, l'amour physique a souvent eu mauvaise presse, sauf en Asie où, de l'Inde à la Chine, le sexe a gardé son statut honorable de lien avec soi au travers de l'autre.

Mental, sensation, émotion

La tradition alchimique divisait le corps humain en trois parties : la tête liée au ciel, le ventre lié à la terre et le thorax plus spécifiquement humain. La tête liée au mental et à l'esprit, le ventre lié au corps et aux sensations, le thorax lié aux émotions. Nous ne manquons ni d'activité mentale ni même d'émotions fortes, mais nous manquons tous de ce lien à la terre qui nous redonnerait un équilibre perdu. Le ventre en est la clé.

Stress et ventre

Il est bien difficile dans le monde moderne d'échapper au stress.

Nous devons sans cesse jongler entre nos problèmes professionnels et familiaux, nos ennuis financiers, une actualité encombrée de catastrophes, nos douleurs articulaires et nos angoisses de santé. Même les enfants sont stressés. Mauvaises notes, colères des parents, surmenage, fatigue scolaire, tous sont touchés.

Le stress, tel que l'a défini Selye : adaptation de l'organisme aux différents chocs de l'existence, n'est pas inutile. Il nous permet de nous adapter à la réalité, parfois rude, si différente de ce dont nous avions rêvé. Mais trop répétitif, il finit par nous user en vidant nos surrénales.

Le grand choc est supporté, tant bien que mal. Mais le stress répété, l'anxiété quotidienne, les angoisses répétitives nous épuisent.

Stress et gênes gastro-intestinales

Palpitations, spasmes musculaires divers, douleurs colitiques, ballonnement, gaz, le ventre est au premier plan. « La peur au ventre ! Ça me fait mal au ventre » traduisent bien l'état abdominal du malheureux stressé.

Le stress, en effet, abaisse le seuil de sensibilité abdominale. L'intestin devient alors plus réceptif aux différents influx souvent douloureux engendrés par la digestion.

En témoignent des expériences récemment conduites. Des ballonnets gonflables sont introduits dans la lumière intestinale pour y enregistrer la tension et la tonicité intestinale. À chaque stimulation désagréable, on assiste à une montée spectaculaire de la tension abdominale et à la production concomitante de gaz abondants.

Le mécanisme

Par la mise en œuvre d'une sensibilité viscérale qu'on appelle la proprioréceptivité, en partie inconsciente, en partie consciente, le cerveau est alerté et sécrète des neuromédiateurs. Des scanners récents (pet-scanner) ont individualisé la zone cérébrale touchée. Il s'agit de la zone limbique, lieu de toutes les peurs et angoisses archaïques, le fameux « cerveau reptilien », identifié par Laborit.
L'hypothalamus est alerté ; il sécrète une hormone, la corticotrophin-releasing-factor (CRF), qui stimule les surrénales et entraîne une importante décharge d'adrénaline et de cortisone qui aggrave le stress en nous épuisant.
Ce cycle colo-limbo-surrénalien nous vide progressivement de toute énergie vitale.
Pour lutter contre de telles situations, les méthodes de relaxation et de détente active, la gymnastique Ehrenfried, la sophrologie seront utiles.
Évitez tranquillisants et antidépresseurs, sauf si votre médecin les juge indispensables. Ils ne font que pérenniser votre état. Faites surtout une cure de magnésium.

Du magnésium contre le stress

Le stress chasse le magnésium. En effet, il inhibe l'absorption alimentaire au niveau de la muqueuse intestinale. Il vous faut donc compenser cette carence. Mais attention, à doses trop importantes, le magnésium est très mal supporté. Chez certains, il déclenche douleurs abdominales, coliques, diarrhées.
Il vaut mieux le prendre sous forme d'oligoélément, 2 à 4 comprimés par jour pendant les repas. Enrichissez également votre régime en aliments riches en magnésium.
Des apports nutritionnels sont conseillés :
- chez l'homme, 400 mg par jour ;
- chez la femme, 320 mg par jour ;
- chez l'adolescent, 400 mg par jour.

Le magnésium est apporté par : chocolat noir, noix, noisettes, amandes, légumes à feuilles vert foncé riches en chlorophylle (salades vertes, épinards, brocolis), poisson, levure de bière et germes de blé, eaux minérales telles Hépar, Badoit, Contrex, raisins secs.
Légumes secs, céréales complètes en contiennent eux aussi de notables quantités mais sont souvent mal supporté par un intestin délicat.

Fatigue chronique et ventre

La fatigue est un mal fort répandu. Nous sommes tous, peu ou prou, fatigués. Parfois, on est allé au-delà des limites du raisonnable. On a trop tiré sur la corde. Cela est banal et sans gravité à condition qu'on redresse la barre et qu'on prenne quelques vacances.

Mais parfois aussi la fatigue est le premier signe d'une maladie plus grave. D'où la nécessité de toujours consulter en cas de fatigue persistante. Malheureusement, la médecine classique est de peu de secours pour ces épuisés permanents.
Bien des fatigues chroniques dépendent de l'intestin et résultent d'une auto-intoxication profonde en rapport avec un fonctionnement déficient. Intestin grêle et gros intestin ont en effet un rôle important d'élimination des déchets. Ils appartiennent, avec le foie et la vésicule biliaire, le rein et la vessie au groupe des émonctoires de l'organisme. Ces organes ont la charge de purifier le corps des résidus plus ou moins toxiques provenant des aliments ingérés et non digérés.

Un ventre irrégulier fait mal son travail. Une constipation plus ou moins chronique en est responsable au premier chef. Un transit avec selles régulières est la clé de la santé, transit qui doit être quotidien ou au maximum tous les deux jours si le côlon est particulièrement long (dolichocôlon, mégacôlon).
Vous reconnaîtrez que sans doute votre fatigue est d'origine intestinale à des signes précis :
- intestin paresseux avec ballonnement et gaz ;
- fatigue prédominant le matin, au lever ;
- teint brouillé, jaunâtre, bilieux ;
- morosité, tristesse, idées noires ;
- frilosité excessive.

Les oligo-éléments pour combattre la fatigue intestinale

Vous appartenez alors au tempérament bilieux d'Hippocrate, dont l'intestin est un des points faibles. Pour combattre cette fatigue, je vous conseille donc :
- une cure d'oligoéléments, prenez par période de deux mois, avec temps de repos, deux comprimés d'oligoéléments.

• Matin	1 jour	manganèse cuivre
	l'autre jour	manganèse cobalt
• Soir	1 jour	aluminium
	l'autre jour	soufre

Ce traitement, très dépuratif, purifiera votre organisme et vous « remettra en selle ».
Le soir, avant de vous coucher, prenez un bain de siège froid selon la méthode de Kuhn, disciple de l'abbé Kneip. Immergez cette partie fort intéressante de votre personnalité en rapport direct avec le ventre dans une cuvette d'eau fraîche.
Restez 10 minutes puis séchez soigneusement et frictionnez énergiquement au gant de crin.
Ce bain sera encore plus désintoxiquant si vous ajoutez 10 gouttes d'huile essentielle d'ylang-ylang dispersées dans une cuillerée de bain moussant. L'aromathérapie est tonique et potentialise l'action de cette hydrothérapie.
Ne négligez pas les cures thermales. Une cure à Châtelguyon vous serait utile. Ses eaux tièdes et radioactives, ses douches, ses massages amélioreront remarquablement le transit.

Insomnie et ventre

Bien digérer est gage de bon sommeil. Le réveil à 4 heures du matin avec insomnie signe un intestin perturbé libérant un flot de toxines qui, à cette heure, vient énerver le cerveau. Pour bien dormir, il faut donc, là encore, surveiller la régularité de l'intestin.

Une constipation engendre du météorisme, des gaz, de l'insomnie. Une exonération avant le coucher est recommandée. Vos songes vous informent. Un colitique rêve de ballons, de montgolfière ou encore de serpents lovés dans le ventre.

Un dîner léger et équilibré

Le dîner – le repas du soir – doit être léger et équilibré, de façon à drainer et purifier la muqueuse intestinale.

Le potage ne vous est pas conseillé. Il a tendance à diluer les sucs digestifs et à engendrer dans l'abdomen gaz et gonflement. Le sommeil en est perturbé. Ou alors il faut adopter la soupe de nos grands-mères : épaisse, dense, mélangeant de nombreux légumes, la cuillère se tenant droite dans la soupière.

Le soir, il faut essentiellement manger des légumes, cuits plutôt crus, des fruits, cuits plutôt crus, la cuisson ayant pour effet de rendre la cellulose végétale plus digeste par une muqueuse intestinale fragile et irritable. Des aliments apportant quelques sucres lents. Ainsi pommes de terre, pâtes seront ajoutées aux menus du soir, en quantité modérée. Enfin yaourts, laitages apporteront vitamines, calcium et probiotiques indispensables à un sommeil paisible.

Les oligoéléments favorisent la détente des fibres lisses structurant la paroi intestinale. Aussi, mangez carottes, poireaux, pommes, poires, cerises, qui en contiennent de notables quantités.

Un menu de repas du soir sain et hygiénique sera :
- une épaisse purée de pommes de terre, carottes, poireaux, peu salée, non poivrée. Le poivre est un excitant fâcheux pour le sommeil ;
- un yaourt, un peu de gruyère ou tout autre fromage à pâte cuite (cantal, tome) y seront ajoutés, 50 à 100 g ;
- enfin, une compote de pommes, poires finement pelées, quelques pruneaux, seront un excellent dessert.

Évitez de trop boire au dîner. Trois verres d'eau et pas plus d'un verre de vin – en choisissant un rouge, riche en tannins, bordeaux, madiran, cahors – seront amplement suffisants.

Les plantes amies de l'intestin

Si vous avez l'intestin fragile, un sommeil léger, un réveil à 4 heures, une plante et une couleur peuvent vous aider :

• **Le houblon** (*Humulus lupulus*), dont les cônes fleuris parfument la bière, a la double qualité de favoriser la digestion intestinale et en concomitance d'apaiser le centre nerveux du sommeil. Ses inflorescences contiennent en effet une huile essentielle riche en amine, provoquant un double effet, intestinal et corticocérébral. Prenez deux gélules au coucher, une autre en cas de réveil nocturne.

• **La couleur :** le violet exerce une action inductrice de sommeil sur le cerveau, agit également sur les neurones tapissant la paroi du côlon, le « second cerveau ». Pour un sommeil profond, dormez dans des draps violets ; il en existe. Si vous n'en avez pas, portez un foulard violet autour du cou ou une paire de chaussettes violettes aux pieds.

Cette application d'une chromothérapie, thérapeutique par les couleurs, vous donnera des résultats qui vous surprendront.

Ainsi vous dormirez paisiblement et ferez de beaux rêves.

Une nuée d'organismes amis : la flore intestinale

L'intestin, organe creux, est peuplé d'une multitude d'organismes vivants dont la présence est indispensable. Ce sont essentiellement des bactéries constituant la flore intestinale.

Il convient d'y ajouter en bien moindre proportion levures et champignons, voire vers intestinaux, tel le minuscule trichocéphale aux œufs en forme de citron visibles au microscope. Cette flore intestinale comprend plus de 10 000 milliards de germes, aussi nombreux donc que toutes les cellules du corps humain. Nous sommes chacun à la tête d'un peuple dépassant celui de la planète.

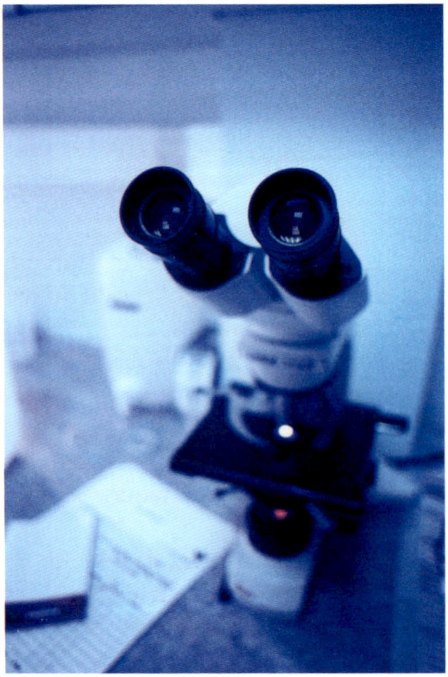

Des bactéries amies

Toutes ces bactéries sont implantées et prolifèrent à partir de la partie terminale de l'intestin grêle. Elles remplissent tout le gros intestin, le côlon. Elles représentent près de 2 kg du poids du corps et comprennent plus de 400 variétés différentes d'espèces microbiennes. 80 % du volume total des matières fécales est composé de cadavres microbiens. Cela est considérable.

La flore intestinale se constitue dès la naissance. Les bactéries amies envahissent très tôt la lumière intestinale. Le

nourrisson en a besoin. C'est grâce à elle que s'effectue le développement même de son côlon et la maturation de son système immunitaire.
Dans cette flore intestinale saprophyte, on distingue :

- une flore dominante, la plus nombreuse. Implantée dès les premiers jours, elle est constituée de bactéries Bifidus et de lactobacilles ;
- une flore sous-dominante, moins nombreuse, dans laquelle nous voyons apparaître, à côté de ces Bifidus et lactobacilles, des colibacilles et autres germes coliformes, des streptocoques, des levures du type Saccharomyces, utiles tant qu'elles ne dépassent pas un certain seuil ;
- enfin une flore variable et opportuniste dont les potentialités pathogènes sont préoccupantes dans la mesure où elle se multiplierait trop. Ce sont des staphylocoques, entérocoques, des levures comme le Candida. Ce sera là un des rôles des flores dominantes et sous-dominantes de veiller à cet équilibre nécessaire à la santé.

Chacun d'entre nous a, dès sa naissance, une flore qui lui est propre, véritable empreinte personnelle, véritable fiche signalétique. Il n'y a pas deux intestins identiques. On comprend la nécessité d'individualiser tous nos traitements.

L'équilibre intestinal est fragile

De multiples causes expliquent que la qualité de la flore diminue au fur et à mesure du vieillissement. Tout d'abord, la sénescence et la modification avec l'âge du milieu intestinal : déshydratation, baisse immunitaire, erreurs alimentaires.
Les chimiothérapies anticancéreuses indispensables en l'occurrence, perturbent la flore.
Mais ce sera surtout les antibiothérapies répétées et souvent abusives qui sont dangereuses en la matière.
Une cure d'antibiotiques, pour éradiquer tels germes dangereux sur le plan pulmonaire, détruira pratiquement la majeure partie de la flore intestinale. Il faudra presque trois ans pour la reconstituer.
Enfin, des troubles du transit, diarrhée, constipation sont également dangereux.
De même le stress, des erreurs d'hygiène de vie, l'alcool et le tabac sont de véritables poisons. Les aliments fumés (saumon, jambon de pays, œufs de poisson) apportent en plus leurs molécules oncogènes.

Les microbes du Dr Bach

Deux éminents homéopathes anglais décidèrent un jour d'étudier avec précision les bactéries contenues dans le gros intestin.

Les Nosodes de Bach et Paterson

L'un, Bach, était bactériologiste. Il devait plus tard mettre au point les fleurs de Bach. L'autre, Paterson, était médecin homéopathe pratiquant quotidiennement l'homéopathie.
À eux deux, vers 1932, ils identifièrent un grand nombre de germes par cultures successives d'échantillons de matière fécales. Puis ils déterminèrent les propriétés thérapeutiques des souches ainsi isolées puis diluées et dynamisées homéopathiquement. Ils créèrent ainsi une gamme de médicaments connue sous le nom de « nosodes de Bach et Paterson » particulièrement prescrits dans les pays anglo-saxons et aux Etats-Unis.
Les principaux de ces nosodes sont :
- **le bacille de Morgan**, qui est un Proteus, donc très voisin du colibacille. Il traite des poussées d'eczéma aigu ;
- **le bacille dysenterie**, issu d'un Shigella, germe de la dysenterie infectieuse. Il est indiqué dans des diarrhées répétées, infectieuses, telles les diarrhées à rotavirus du nourrisson ;
- **le bacille Gartner**, qui est une salmonelle, donc indiqué dans des problèmes infectieux intestinaux ;
- **Sycoccus** : streptocoque fécal, cystites à répétition, crises de migraine ;
- **bacille Proteus** : Proteus mirabilis et bacille coli, le si répandu Escherichia coli, colibacilles indiqués dans les cystites, des infections rénales et intestinales.

En fait, tous les nosodes de Bach et Paterson en hautes dilutions sont prescrits par des médecins homéopathes pour traiter en profondeur un terrain particulier, la psore.

On sait que l'homéopathie, avant tout, est une médecine de terrain : derrière toute affection aiguë et répétitive, il y a un terrain particulier qu'il convient de traiter pour guérir définitivement le malade.
La psore est ainsi une des variétés de terrain particulier identifiée par les homéopathes. Elle se caractérise par une évolution chronique marquée de fatigue générale, de poussées purulentes d'eczéma, de troubles respiratoires à type d'asthme, d'une patraquerie interminable à type de migraines, vertiges, constipation, hémorroïdes et autres misères.
Le terrain de l'allergique offre un bon exemple d'évolution psorique codée génétiquement, la psore implique un trouble dans la régulation intestinale. La désintoxication des déchets se fait mal. Une intoxication progressive affaiblit les défenses.

Les biothérapies

En France, plutôt que les nosodes de Bach et Paterson non introduits en pharmacie, le médecin prescrira des biothérapiques, forme moderne des anciens nosodes. Seront alors indiqués dans le traitement de cette psore et de toutes les misères qui en découlent : diarrhées, constipations, eczéma, cystites et pour régulariser un intestin défaillant :
- Colibacillinum 9 CH : dilution de colibacille, germe fréquent dans l'intestin, responsable de cystites ;
- Eberthinum 9 CH : bacille typhique ;
- Para B 9 CH : bacille paratyphoïde B, excellent médicament de tous les troubles colitiques ;
- Enterococcinum 9 CH : entérocoques également présents dans l'intestin et parfois dans la vessie
Tous les germes isolés de l'intestin et dilués homéopathiquement.

Le nœud du problème : la villosité

L'intestin grêle, long de 2 mètres, est un élément clé d'une heureuse et bonne digestion. La villosité y joue un rôle essentiel pour terminer la digestion des aliments et réabsorber les produits ainsi métabolisés en même temps que l'eau et les ions minéraux indispensables à l'équilibre hydroélectrique.

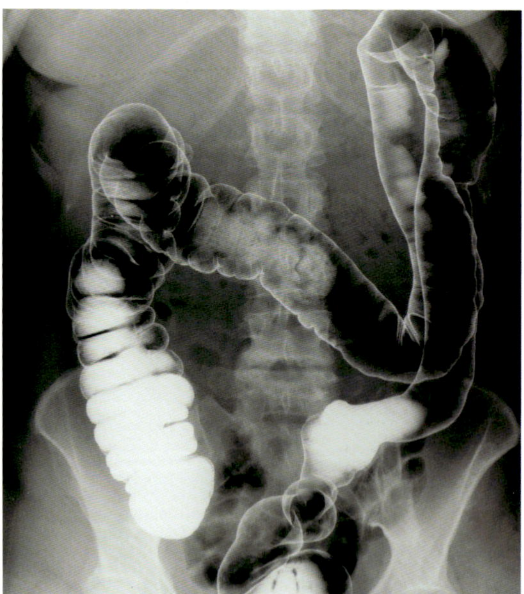

Au cœur de l'intestin

La surface interne de la muqueuse intestinale est fort complexe, marquée par des milliers de villosités et plicatures valvulaires, elle représente au total près de 100 m^2.

Le tiers de la surface est constitué par des valvules conniventes de plus de 1 cm de haut au niveau de la muqueuse et de la sous-muqueuse : valvules de Kerckring. Les deux autres tiers sont formés de multiples petits plissements, les fameuses villosités intestinales de 1 mm de haut et de 0,1 mm d'épaisseur, élément essentiel du métabolisme intestinal.

C'est à ce niveau que sur un plan digestif tout se passe. Ces villosités sont en effet tapissées des cellules de réabsorption capables de prélever dans la lumière intestinale les aliments digérés.

De plus, à la base de ces minuscules villosités, on trouve de petits creux, les cryptes de Lieber Kuhn, au rôle extrêmement complexe.

On y rencontre 4 types de cellules :

- Des cellules sécrétant un mucus protecteur pour la paroi intestinale à l'encontre des sucs digestifs acides ;
- Des cellules capables de se diviser rapidement pour justement générer de nouvelles villosités ;
- Des cellules endocrines aux récepteurs situés dans la lumière intestinale et qui, stimulées par le bol alimentaire, déversent du côté sang de nombreuses hormones peptidiques : sécrétine, motiline, digestine etc. ;
- Les cellules de Paneth qui libèrent dans la lumière intestinale des enzymes digestives et surtout des immunoglobulines actives dans les défenses immunitaires et activant les plaques de Peyer, organes lymphoïdes intestinaux.

La bordure de toutes ces villosités est en perpétuel renouvellement

De nouvelles cellules bordantes sont constamment élaborées : l'ensemble de la paroi de l'intestin grêle se renouvelle dans sa totalité en deux jours.
Les valvules intestinales tapissées des villosités abritent un ensemble complexe vasculaire, lymphatique, nerveux sympathique et parasympathique provenant du mésentère. Eux aussi jouent un rôle important.
Vaisseaux sanguins et lymphatiques assurent la distribution des métabolites ingérés au système artériel et à la lymphe, et ainsi la répartition dans l'organisme. Les fibres nerveuses sont, elles, responsables des mouvements de péristaltiques poussant irrésistiblement le bol alimentaire vers le gros intestin et l'anus.
Villosités et valvules sont donc véritablement les éléments majeurs de toute cette digestion abdominale, gage de la santé.

Désintoxiquer l'intestin

Bien des chercheurs, conscients de l'importance d'un fonctionnement intestinal régulier, se sont intéressés au problème.

• Un médecin suisse très connu, le Dr Catherine Kousmine, a établi des rapports entre cancer du sein et intestin, puis a élargi son analyse à d'autres maladies graves, sclérose en plaques, autres cancers, polyarthrites. Certains aliments altèrent la muqueuse intestinale, ralentissant le transit. Ils permettent ainsi le passage de toxines et de bactéries dangereuses, susceptibles d'attaquer les organes vitaux du corps. Il faut donc les éliminer de l'alimentation. Véritable précurseur, Kousmine recommandait d'éviter les acides gras saturés, à remplacer par des insaturés, d'où l'usage préconisé d'huile de lin. Mais surtout il faut drainer, stimuler cet intestin facilement paresseux, véritable usine à poisons où stagnent les matières toxiques.

L'eau fraîche est la meilleure amie du ventre – chaque matin buvez à jeun un grand verre.

Si vous êtes à la campagne, marchez 5 à 10 minutes pieds nus dans la rosée du matin, vous stimulerez les points réflexes de la voûte plantaire et vous vous désintoxiquez. Pratiquez également, pendant la toilette du soir, un bain aqueux de l'avant-bras durant 10 minutes dans l'eau fraîche du lavabo. Vous aurez ainsi une nuit paisible et une exonération matinale facile.

• Joseph Delbet recommandait, lui, la cure de magnésium pour stimuler les défenses immunitaires, en particulier les plaques de Peyer, coliques faites d'éléments lymphoïdes. A des époques déterminées de l'année (printemps, automne) est conseillée la prise d'une solution de chlorure de magnésium (20 g pour 1 litre d'eau) à raison de 50 cl par jour, 21 jours d'affilée à jeun. Si sensibilité particulière, remplacer par 3 comprimés d'oligoéléments magnésium matin et soir.

• Le Dr Seignalet, de Montpellier, a réalisé de nombreux travaux sur la nutrition. Lui aussi attachait beaucoup d'importance à la régularité du ventre et à sa désintoxication pour combattre des pathologies lourdes. Son régime cru comporte d'intéressantes applications car il apporte la nourriture dans sa spécificité propre, sans altération culinaire.

• Le Dr Kellogg, médecin aux Etats-Unis, comprit très tôt l'importance des fibres alimentaires. Il fut ainsi amené à mettre au point des formules de céréales à partir du son de blé, dans lesquelles, par un toasting très soigneux, les fibres insolubles sont rendues digestes et bien tolérées par la muqueuse intestinale. Ces fibres ont la propriété d'absorber un fort pourcentage d'eau. Elles sont hydrophiles, elles augmentent le volume du bol alimentaire, combattent la constipation en accélérant le transit et certaines affections qui sont en rapport, telles hémorroïdes et fatigue générale.

4 à 5 cuillères à soupe de ces céréales toastées apportent 40 à 50 grammes de fibres. Arrosées d'eau, de lait, d'un yaourt, elles sont au petit déjeuner une excellente recette de santé.

Le Dr Kellogg fut aussi amené à créer aux Etats-Unis des cliniques consacrées aux soins du ventre. Il mit au point un fauteuil électrique où de vives secousses du corps participaient à la rééducation de l'intestin. La quantité de selles émises étant pesée chaque jour et le régime était modifié en conséquence.

Lait et intestin

La consommation du lait, plus précisément du lait de vache, est de plus en plus discutée pour les personnes au ventre fragile.

Il n'est pas question évidemment de se priver de cet aliment riche en calcium assimilable. Contrairement à tous ces sels industriels de calcium qui sont de simples « craies » (carbonate de calcium), dernier avatar d'une calcithérapie très en vogue au siècle dernier et pratiquement abandonnée, l'organisme se refuse à assimiler cette craie pierreuse sauf à la concrétiser en calculs (lithiase vasculaire, lithiase rénale).

Le lactose

Mais beaucoup de patients victimes du syndrome du côlon irritable (SCI) signalent, à la prise d'aliments lactés, des ballonnements, des spasmes douloureux, des gaz malodorants.

Le lait contient, outre du calcium, une quantité importante d'un sucre particulier, le lactose, qui, en quantité importante, peut irriter les intestins délicats. La digestion est en effet régulée par un ferment, la lactase, qui parfois est en quantité insuffisante dans l'intestin. Ainsi l'adulte a un suc digestif pauvre en lactase. Il digère donc mal le lait et ses dérivés. En revanche, le nourrisson et le petit enfant, et, à l'autre extrémité de l'existence, le « grand vieillard » retrouvent une bonne capacité de digestion car la lactase réapparaît.

La consommation des produits laitiers a connu une véritable explosion à partir du milieu du XXe siècle. En 2003, la production française est de 20 milliards de litre de lait, pour 4 millions de vaches. C'est énorme ! Dans le même temps, chaque Français a consommé 70 litres de lait et 24,5 kg de fromage. La consommation du fromage

connaît une croissance exceptionnelle. La Savoie produisait 9 000 tonnes de Reblochon en 1987, 18 000 tonnes entre 1998, soit un doublement en onze ans.
Cette nécessité de produire plus a entraîné des modifications profondes de l'écosystème de la vache, « l'animal usine » producteur.
Tout d'abord la tuberculose bovine étant un fléau destructeur de cheptel, toutes les vaches depuis la fin du XIXe siècle et la première partie du XXe siècle ont bien évidemment été vaccinées par le BCG, ce qui laisse des traces immunitaires au niveau de la descendance. Mais les humains eux aussi sont vaccinés contre la tuberculose avec le BCG très largement répandu. Il y a donc possibilité de conflit antigène-anti-anticorps. Cela a des conséquences sur la réactivité immunitaire particulière des nourrissons et plus simplement sur la digestion. Régurgitations et vomissements sont fréquents.
L'alimentation du bétail s'est profondément modifiée. L'introduction des farines animales a eu les conséquences désastreuses qu'on connaît.
Le lait de vache, malgré sa richesse en calcium, ne doit donc être consommé qu'en quantité raisonnable.
Pour l'adulte, il vaut mieux avoir recours au lait déjà fermenté, c'est-à-dire consommer des yaourts ou du fromage. Pas de plus de deux yaourts par jour. Quant aux fromages, préférez les pâtes dures (gruyère et apparentés) aux fromages mous, au lait cru (camembert et autres). Évitez le lait nature. Il coagule dans l'estomac en amas indigestes.
Pour le nourrisson, préférez l'allaitement maternel : il est irremplaçable. S'il se révèle impossible, il existe toute une gamme de laits très adaptés, riches, maternels, que votre pédiatre vous prescrira. Mais rien ne vaut le lait de maman.
Il existe une solution de remplacement au lait de vache : le lait de chèvre. Il est facile à trouver, peu onéreux, mieux digeste chez l'enfant eczémateux atopique, sa substitution permet souvent la guérison de l'eczéma. Il en est de même de la brebis dont le lait et les yaourts sont intéressants.
Quant au lait de soja, s'il est digeste et riche en protéines, il ne contient pas de calcium. Il faut en rajouter sous forme minérale, phosphate de calcium, très difficile à fixer par les os.

Prébiotiques, nourrissez votre flore

La flore intestinale, si précieuse, doit être nourrie, entretenue, fortifiée.

Ce sera le rôle de nutriments particuliers, qu'on appelle « prébiotiques ». Les prébiotiques stimulent la croissance et l'activité du Bifidus et du Lactobacterium. Ces prébiotiques sont apportés par des légumes et des fruits très riches en fibres, constitués de sucres lents. Leur adjonction au régime alimentaire, toujours utile, est même indispensable dans certaines circonstances. Par exemple lors d'un traitement par antibiotiques, toujours meurtrier pour la flore intestinale.

Les fibres prébiotiques contenues dans ces aliments ont la particularité d'être constituées non pas tant de cellulose que de longues chaînes de fructose, assimilables au niveau de la lumière intestinale sous forme de « fructo-oligo-saccharides ».

Ces sucres lents sont métabolisés par la flore intestinale. Ils la nourrissent et du même jet, ils favorisent sa croissance et sa multiplication.

Les inulines sont un bel exemple de ces fibres prébiotiques. Nous les rencontrons dans différents légumes et fruits : poireaux, oignons, artichauts, topinambours, ail, asperges et bananes. Quand vous dégustez un fond d'artichaut, vous mangez de l'inuline pratiquement pure. Vous devez donc inscrire ces nutriments à vos menus. Dans certains cas de traitements très agressifs, il est par-

fois indispensable de renforcer l'administration de ces substances prébiotiques. Légumes et fruits du quotidien n'y suffisent plus. Il faut recourir aux compléments alimentaires.
Après une intervention chirurgicale sur le côlon ou le rectosigmoïde, pour cause de diverticulose, voire de cancer, lors de chimiothérapies lourdes, cette adjonction s'impose. L'industrie prépare ainsi des fructo-oligo-saccharides purifiés, les FOS, sous forme de poudre ou de granulés, par fermentation du glucose à l'aide de levures spécifiques. On les administre alors à la dose de 4 à 8 g par jour. Sont soulagées les diarrhées post-chirurgicales et stimulées les défenses immunitaires intestinales, ce qui est fondamental.
On peut également se procurer des aliments diététiques enrichis en FOS, par exemple des laits et des yaourts.
Les prébiotiques ont également une action positive sur le cholestérol sanguin (baisse du LDL, le « mauvais cholestérol », hausse du HDL, le « bon »). Ils stimulent l'absorption du magnésium et du calcium, ce qui est positif pour l'équilibre nerveux et la solidité des os.
Mais en cas d'intolérance au lactose, de calculs vésiculaires, de radiothérapie du tube digestif, ou tout simplement de syndrome du côlon irritable, il faut être prudent. Ces prébiotiques peuvent déclencher gaz fétides, ballonnements, diarrhées. Ainsi l'artichaut et le topinambour sont souvent mal tolérés.
Les intolérances alimentaires doivent toujours être recherchées avec le plus grand soin. Un régime doit toujours être individualisé.

Probiotiques : une flore régénérée

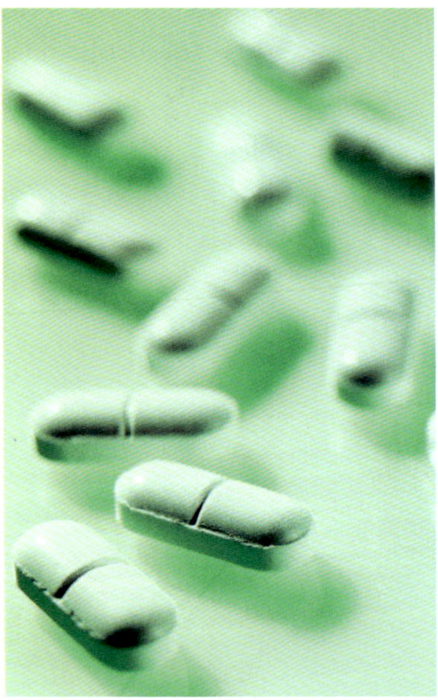

Dans certaines circonstances, il est important de récupérer une flore intestinale normale. Par exemple, après une antibiothérapie ou une intervention chirurgicale, ou encore plus simplement après une sérieuse infection intestinale ayant déclenché des selles diarrhéiques répétitives. La prise de « probiotiques » s'impose alors.

Les probiotiques sont des micro-organismes vivants, favorables à la santé, capables de s'implanter pour une longue période de temps au niveau de la muqueuse de l'intestin.
Ces organites sont de deux sortes :

- des bactéries appartenant aux familles des Bifidus et des Lactobacillus, apportées normalement par le lait et les dérivés lactés. Elles sont capables de métaboliser sucres (lactose) et protéines de lait. Ce sont elles qui forment l'essentiel de la flore intestinale ;
- des levures appartenant au groupe des Saccharomyces, capables de faire fermenter donc de métaboliser toutes sortes de sucres et d'aliments sucrés. La mieux connue est la levure de bière, *Saccharomyces cerevisiae*.

Les aliments fermentés, plus précisément lactés, sont riches en bactéries probiotiques : laits, fromages, yaourts. Leur usage alimentaire est très ancien puisqu'ils sont mentionnés déjà dans les Veda, base de la médecine ayurvédique, et dans la Bible.
Ces probiotiques peuvent également être consommés sous forme de compléments alimentaires ou de spécialités pharmaceutiques.
Un bon probiotique doit être capable de résister à l'action agressive du suc gastrique, acide chlorhydrique presque pur, avant d'arriver à la muqueuse intestinale. Il doit colo-

niser la villosité intestinale et y perdurer plusieurs semaines. En s'implantant dans l'intestin et y proliférant, les bactéries probiotiques modifient le pH du milieu intestinal. Elles favorisent ainsi la multiplication et le renouvellement de la flore intestinale.

En matière de diarrhées, les probiotiques ont un rôle thérapeutique efficace sur le flux intestinal. Ils neutralisent les toxines sécrétées par les rotavirus responsables du dérèglement intestinal qui sévissent régulièrement par petites épidémies. Ils peuvent même à trop fortes doses engendrer des constipations.

Chez le nourrisson, l'administration de laits maternisés enrichis en probiotiques combat régurgitations et reflux. Ils sont indiqués en traitement de différentes allergies alimentaires. Associés aux médicaments indispensables, ils seront incorporés aux traitements des graves maladies inflammatoires de l'intestin (Crohn, rectocolite hémorragique).

Un véritable aliment probiotique : le yaourt

Introduit en France à partir de la Turquie dès le XVe siècle, il est préparé à l'échelle industrielle depuis 1930.

Le yaourt résulte de la fermentation du lait par deux bactéries probiotiques : Lactophilus bulgaricus et Streptococcus thermophilus.

Présenté en pot de 125 g, il doit contenir au minimum 10 millions de probiotiques vivants par gramme, soit à peu près 1 milliard de germes par pot (1.109), ce qui est considérable.

Un à deux yaourts par jour permettent d'assurer une efficace protection de la flore intestinale.

Retrouver votre vitalité en agissant sur votre ventre

À certains moments de l'année, vous vous sentez fatigué, tristounet, déprimé. Votre teint se brouille, vous devenez frileux, votre coiffeur lui-même vous alerte. Il trouve vos cheveux en fâcheux état et vous conseille de consulter votre médecin car, vous dit-il, c'est une question d'état général, mais toutes vos analyses sont bonnes.

Fatigue, tristesse, frilosité : vous manquez d'élan vital. Votre stock d'énergie est au plus bas. Il faut réagir.

Ces baisses de vitalité sont en général en rapport avec des perturbations du grand axe digestif foie – vésicule biliaire – intestin.

Foie et vésicule touchés par le surmenage et la lente intoxication due à vos erreurs alimentaires sécrètent moins de bile, de plus mauvaise qualité. L'intestin manque de sels biliaires, l'absorption des différents nutriments s'effectue mal, d'où votre fatigue.

Un drainage par une cure de radis noir s'impose. Achetez sur le marché une belle racine de radis noir (*Raphanus sativus niger*). Lavez-la soigneusement après l'avoir rincé légèrement. Mettez une dizaine de rondelles finement coupées dans une assiette creuse, saupoudrez d'une cuillère de sucre doux pulvérisé. Recouvrez avec un demi-verre d'eau. Laissez macérer toute la nuit.

Le matin au réveil, versez le suc obtenu dans un jus de citron chaud. Tourné sur le côté droit, restez couché 15 minutes.

Ce suc de radis noir acidulé par le citron est cholagogue et cholérétique[1] , il nettoie la vésicule, stimule la fonction cholérétique du foie et purifie l'intestin. Suivez cette cure de radis noir 10 jours par mois, deux ou trois mois d'affiliée, cela vous désintoxiquera, votre peau s'éclaircira et vous vous sentirez en pleine forme. Flatulence et constipation s'amélioreront.

D'autres aliments ont la vertu de vous désintoxiquer en stimulant l'axe foie-vésicule-intestin. Les herbes aromatiques telles thym, serpolet, sarriette, l'infusion de romarin, l'angélique, l'ail et l'artichaut sont d'excellents compléments.

En cas d'encombrement hépatique, de bouche pâteuse, de ballonnement intestinal bruyant et douloureux, essayez également cette recette.

Sur une compresse stérile, versez 10 gouttes de teinture mère de Berberis, préparée à partir des rameaux feuillus. Appliquez sur la région du foie recouverte d'une bouillotte à 37 °C. À garder 20 minutes, étendu pour décongestionner foie et côlon droit.

1 - Cholagogue : qui stimule la vidange de la vésicule ; cholérétique : qui accroît la sécrétion biliaire.

Une diététique de l'équilibre

Le stress oxydatif (SOD) est à l'origine de bien des problèmes de ventre : ballonnements, spasmes, gaz, mal absorption de certains nutriments. On entend par stress oxydatif une pathologie liée à l'accumulation d'ions d'oxygène issus de l'air que nous respirons, résultant d'erreurs métaboliques et s'accumulant à l'intérieur des cellules.

Ces ions ainsi libérés, dits radicaux libres, sont particulièrement agressifs. Ils s'attaquent aux acides gras insaturés structurant la majeure partie des membranes cellulaires et, les oxydants, les sclérosent. C'est un phénomène de portée générale qui conditionne en partie la vieillesse et ses dégradations. La sclérose progresse en effet de cellule en cellule, de tissu en tissu, pour frapper l'organisme tout entier.

Ce stress oxydatif est intense au niveau des cellules intestinales constamment irritées par la digestion et de nombreuses toxines, même s'il y a un renouvellement rapide des muqueuses.

Un régime riche en aliments antioxydants est donc indispensable au maintien de l'équilibre.

Pour vous nourrir sainement, suivez ces recommandations nutritionnelles (régime TS).

Prévoir

- 1 jour par semaine : viande rouge, environ 100 g à 150 g maximum, en évitant mouton et porc trop gras.
- 1 jour par semaine : viande blanche (volaille et lapin), 100 à 150 g.

- 3 jours par semaine : poisson, de préférence gras (sardine, maquereau, thon, saumon). Huîtres, crevettes, langoustines seront consommées en quantités modérées, pour leur teneur en sélénium.
- 1 jour par semaine : 2 œufs.
- 1 jour par semaine : régime végétarien (légumes, fruits, yaourts, fromages).

Evitez

- Le sucre et ce qui est très sucré (sucre nature, miel, confiture, chocolat même noir, pâtisseries).
- Évitez également, charcuterie, triperie, source d'acide urique.
- Restreindre le sel
- Boire beaucoup d'eau, 1,5 l à 2 l par jour, type Volvic et Évian peu salées ou Hépar riche en calcium.

Consommer

- Légumes : choisissez des légumes très verts (brocolis, épinards, salades), rouges et noirs (tomates, carottes, aubergines), jaune-rouge (poivron, melon).
- Fruits : rouges et noirs (myrtilles, cassis, framboises), oranges et jaunes (oranges, abricots, pamplemousses rosés).
- Les couleurs ont ici leur importance car elles signent la présence d'anthocyanes et de flavones, puissants antioxydants.
- Apports calciques : le calcium est important pour les os, il doit être apporté par les aliments. Seul le calcium organique est absorbé par l'intestin. Si les aliments à base de vache irritent votre intestin, choisissez la brebis et la chèvre.
- Graisses : Évitez les graisses animales, sauf un peu de beurre (10 g) pour la vitamine D3 qu'il vous apporte, indispensable à la fixation du calcium.
- Farineux : Modérer votre consommation de pain (trois tranches légères de pain complet par jour). Plutôt que les pommes de terre, mangez pâtes et riz complets.
- Enfin, un vin rouge lourd en tanins et anthocycantes, type bordeaux, cahors, madiran. Deux verres par jour pour monsieur (soit 30 cl), un verre pour madame sont un apport positif et agréable.
- Et plutôt que du café, le matin, absorber du thé vert, merveilleux apport d'antioxydant.

Une gymnastique du ventre : la méthode du Dr Ehrenfried

Une gymnastique régulièrement poursuivie est une clé de santé pour l'organisme. S'y investir en vaut la peine.

Entretenir la souplesse de ses articulations, éviter l'ankylose due à l'arthrose, faciliter la circulation du sang tant au niveau des membres que du cerveau. Cela, toute gymnastique vous l'apporte.

Conserver des muscles efficaces sans tomber dans les excès d'une musculation intensive, assouplir la colonne lombaire, fortifier la ceinture abdominale, augmenter le souffle sans surmener le cœur, vous y gagnerez santé et harmonie.

Un ventre plat et tonique sera votre récompense, tant esthétique que fonctionnelle.

À trois conditions toutefois :

- tout d'abord, bien comprendre que ce n'est pas en forçant trop sur les muscles et les articulations que vous obtiendrez les meilleurs résultats.
- toute gymnastique doit être pratiquée régulièrement.
- choisir une technique douce, intelligente, efficace en profondeur qui, sans vous surmener, galbe votre taille, apaise votre ventre, fortifie votre intestin.

La méthode mise au point par le docteur Lily Ehrenfried, dite gymnastique holistique, vous apporte tout cela.

La méthode du Dr Ehrenfried est une gymnastique douce, globale, s'intéressant non seulement au ventre mais à l'organisme entier. Particulièrement subtile, elle sait prendre conscience de tous les organes du corps et de leur fonctionnement, intestin compris. Son principe est simple. Nous sommes tous perpétuellement contractés du fait des différents stress de la vie en société : schémas éducatifs imposés depuis l'enfance, port du sac scolaire, « Tiens-toi droit », gymnastiques scolaires ennuyeuses au possible, mal adaptées au corps de l'enfant.

Plus tard, ce sont les contrariétés qui nouent le plexus solaire, les angoisses qui bloquent le ventre ou entraînent des débâcles épuisantes. La voiture atrophie muscles abdominaux et jambiers, et accumule sur le « bedon » ce pannicule adipeux inesthétique et dangereux car source du syndrome métabolique et de fragilisation cardiaque, tableau clinique récemment individualisé par la médecine moderne.

La méthode Ehrenfried vise à nous libérer de toutes les contraintes et blessures tissulaires enfouies dans les fascias qui engendrent déséquilibres articulaires, perturbations fonctionnelles des organes touchés.

Pour atteindre ce but, le Dr Ehrenfried propose des mouvements définis de façon à vous faire saisir vous-même gênes ou handicaps dont vous êtes victime.

Le corps ainsi libéré possède alors une tendance organisatrice spontanée qui corrige toutes ces erreurs, remet chaque chose à sa place. À condition qu'on lui en laisse la possibilité. De cette prise de conscience, jaillit la solution que le cerveau enregistre et qu'il reproduira par la suite de manière instinctive.

Le docteur Ehrenfried (1896-1994) a ainsi établi une série de mouvements proposés à l'élève et qu'il effectuera selon sa propre sensibilité, ses propres possibilités. Ce travail physique, concret et intelligent vise donc par le mouvement à l'harmonie du corps et de l'esprit, du ventre et de la tête. Fondé sur l'éveil sensoriel et une mise de conscience intime, ce travail invite l'élève à retrouver sa mobilité naturelle. Il est à la fois personnalisé et individualisé.

La méthode du docteur Ehrenfried est une méthode douce et naturelle s'appuyant sur *la natura medicatrix* chère à Hippocrate, père de la médecine, c'est-à-dire faisant intervenir et libérant les forces que la nature spontanément met en œuvre pour préserver la santé à condition de savoir canaliser et orienter les effets.

En ce sens elle est humanisme et d'une application personnalisée sans danger.

Ventre et exercice physique

La sédentarité est l'ennemi de l'intestin ; elle accélère le vieillissement de l'organisme.

Ne pas pratiquer d'exercice physique non seulement contribue à faire prendre du poids mais ralentit le fonctionnement du côlon, c'est-à-dire du gros intestin. Il en résulte ballonnements et constipations, traduisant la diminution des contractions de la tunique musculaire colique. Les toxines s'accumulent et empoisonnent l'organisme.
De plus, la circulation sanguine diminuant à ce niveau, la flore intestinale est perturbée, avec les conséquences hormonales et biologiques induites.
Enfin des hémorroïdes viennent gêner l'exonération intestinale. La pratique de certains sports sera particulièrement favorable.

Différents sports pour retrouver un confort intestinal

La natation en piscine est très profitable pour le ventre. Elle renforce en douceur la sangle abdominale sans surmener les vertèbres lombaires, souvent douloureuses. Une heure de nage par semaine est un bon secret de santé.
Les exercices en plein air sont également très positifs. Tennis et golf sont parmi les plus efficaces. Il est inutile d'être un champion pour en bénéficier. On a ainsi montré qu'une heure de ces sports multiplie par trois la vitesse du transit intestinal, sou-

lageant d'autant la circulation pelvienne et améliorant ainsi les hémorroïdes dont souffrent toutes les personnes trop longtemps assises.
Les sports où l'on court et saute sont aussi très bénéfiques pour l'intestin : basket, volley, hand-ball contribueront à vous maintenir en bonne santé.
Cet été, sur la plage, jouez donc au volley et hand-ball : chaque fois que vous taperez la balle, c'est de la santé à plein soleil.
Mais si votre emploi du temps, voire certains ennuis tels que douleurs articulaires ne vous permettent pas ou contre-indiquent la pratique sportive, prévoyez tout simplement une bonne marche à pied quotidienne ; c'est excellent. Entre une demi-heure et une heure de marche régulière chaque jour suffit pour assurer la régularité de votre cadre colique et une irrigation sanguine satisfaisante.
Les contractions répétées des muscles des cuisses, jambes, du bassin effectuent un massage interne profond de la masse intestinale et régule la digestion. Gaz et douleurs s'envolent à condition qu'il s'agisse de marche un peu rapide, et non d'un piétinement sur place ou d'une partie de lèche-vitrines. Sans courir, accélérez le pas et prévoyez de bonnes chaussures.

Offrez-vous un podomètre !

Ce léger instrument ressemble à un gros chronomètre ; il s'accroche à la ceinture et compte le nombre de pas effectués. Pour bien vous porter, vous devez parcourir 5 000 pas par jour.

Faire respirer son ventre

Pour un esprit cartésien, il est très étonnant d'imaginer respirer avec autre chose que les poumons ! Et les poumons, jusqu'à preuve du contraire, sont dans le thorax et non pas dans l'abdomen.

Pourtant, cette notion de respiration par le ventre est assez classique et est toujours rattachée à des disciplines orientales, comme le yoga ou la méditation. Il ne s'agit pas en réalité de respirer avec autre chose que les poumons, mais avec autre chose que les muscles du thorax. Il n'y a pas de respiration sans muscles : les poumons ne peuvent se gonfler seuls.

Beaucoup de muscles interviennent dans la respiration, mais le muscle le plus important est le diaphragme. C'est d'ailleurs le muscle le plus puissant de tout l'organisme. Pour bien comprendre l'intérêt de respirer par le ventre en s'aidant du diaphragme, voyons quelles sont les différentes manières de respirer en fonction de l'état de stress.

La peur et le soulagement

Observons ce qui se passe lorsque nous sommes brusquement surpris par un crissement de pneus ou un coup de klaxon en traversant une rue. Nous sursautons, notre corps marque sa surprise en haussant brusquement les épaules, en contractant la mâchoire et en respirant rapidement par la bouche. Seul le haut de notre corps et donc le haut de nos poumons respirent. C'est le stress maximum. Imaginons au contraire qu'après avoir eu très peur à propos d'une nouvelle inquiétante, nous soyons soudainement rassurés par une contre-nouvelle rassurante. Notre corps marque ce soulagement en soufflant par la bouche, en abaissant les épaules et le thorax, et en sortant le ventre. Notre bas du corps et notre ventre respirent. C'est le stress minimum.

Apprenez à respirer par le ventre !

Plus nous sommes stressés, plus le haut de nos poumons respire en mettant en jeu les clavicules, la mâchoire. En état de stress « ordinaire », c'est le thorax qui se gonfle un peu, à la manière dont certains comiques miment la démarche « macho », thorax en avant et fesses en arrière. Mais la nature a mis des os autour du thorax ! Certes, ces os peuvent s'écarter légèrement pour permettre une certaine expansion, mais il existe un territoire bien plus mou et souple pour que les poumons puissent s'expandre : vers le bas, vers le ventre.

En état de plénitude et de calme, c'est le ventre qui se gonfle à l'inspiration, car les poumons se distendent vers le bas en repoussant le grand muscle du diaphragme. Pour cela, il ne faut pas que ce grand disque musculaire qui sépare le thorax du ventre soit tétanisé par le stress chronique. Ce grand muscle doit donc monter et descendre lorsque nous respirons. La plupart du temps, il ne le fait pas, car le stress verrouille le diaphragme : nous ne pouvons respirer que de manière thoracique et donc incomplète.

Observons respirer un nourrisson de trois ou quatre mois, pas encore stressé par l'école et les contraintes. Il semble toujours avoir un gros ventre ! C'est simplement parce qu'il respire naturellement avec son ventre.

Un exercice pour apprendre à respirer

Dans un endroit calme et silencieux, penchons-nous en avant sans forcer mais en gardant les jambes tendues. Relâchons bien la tête. Posons une main sur le ventre afin de bien ressentir les choses. Imaginons que le ventre soit une cabine d'ascenseur qui monte et qui descend. À chaque inspiration, laissons le thorax bien plat et gonflons le ventre afin que la cabine d'ascenseur descende. Imaginons même qu'elle va descendre jusque par terre. Puis au moment d'expirer l'air, par la bouche, laissons toujours le thorax plat et faisons remonter le ventre en le creusant comme si la cabine d'ascenseur allait remonter au-dessus du dos. Une fois cet exercice bien « capté », nous pourrons refaire cela en position allongée ou debout.

Une merveilleuse source de santé : l'auto massage intestinal

Une des plus jolies sources de santé est la pratique de l'automassage intestinal chaque matin. Le massage est un facteur naturel de santé des plus précieux. Se masser soi-même permet de prendre son corps en charge.

L'automassage du ventre active la circulation du sang et de la lymphe. L'intestin reçoit un sang oxygéné plus vif. Le contact de la main sur la peau stimule des points nerveux réflexes qui apaisent les spasmes douloureux et tonifient au contraire un intestin trop paresseux. L'automassage du matin combat ballonnement et gaz, constipation, irritabilité de la muqueuse intestinale.

Vous le pratiquerez au réveil, avant le lever.

Allongé sur votre lit, après avoir bu un verre d'eau tiède ou mieux, une tasse de tisane tiède de bardane, plante dépurative, commencez par vous détendre en pratiquant 5 minutes de mouvements respiratoires au plus proche de votre respiration naturelle.

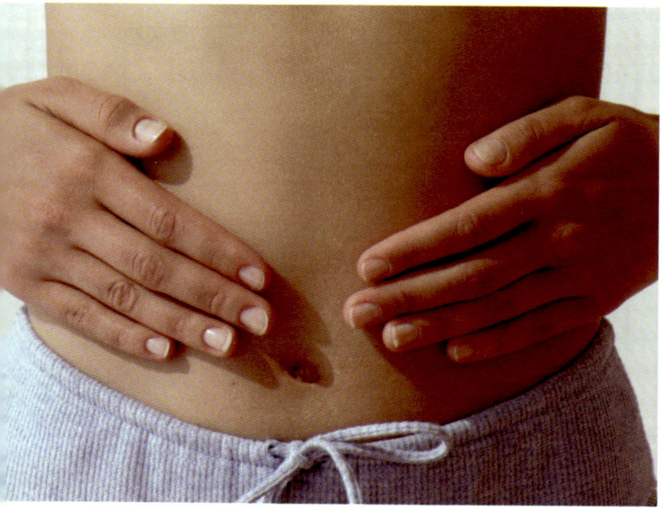

Inspirez l'air doucement par le nez en bombant légèrement le ventre, sans forcer. Puis soufflez l'air toujours par le nez en creusant à peine l'abdomen.

Attendez un tout petit moment avant de reprendre spontanément votre souffle. Au bout de quelques minutes de cette respiration relaxante, vous ressentez une délicate sensation de détente, surtout si vous prenez bien conscience des mouvements de votre diaphragme, large lame musculaire séparant thorax et abdomen, se soulevant et s'abaissant au rythme de vos mouvements.

Très détendu et toujours couché, après avoir dénudé le ventre, commencez votre automassage. Débutez en caressant délicatement du bout des doigts et de la paume des mains votre abdomen. Il s'agit avant tout d'effleurer et non de triturer. Partez du bas du côté droit, là où se trouve la partie initiale du gros intestin – le cæcum – au point d'abouchement de l'intestin grêle et de la valvule de Bauhin. Souvent, il y a stase stercorale et irritation de l'appendice si elle n'a pas été retirée.

Puis remontez le long du flanc droit jusqu'à l'angle droit, toujours en effleurant de vos deux paumes. Vous sentirez vibrer légèrement votre vésicule biliaire et un discret bruit vous indiquera qu'elle se vide.

Puis suivez, de droite à gauche, le côlon transverse. Arrivé à l'angle gauche, au niveau de la « poche des gaz », insistez sans presser. Puis redescendez sur le flanc gauche et arrêtez-vous à la partie terminale, zone recto-sigmoïdienne. C'est là que les matières ont tendance à s'accumuler si vous êtes constipé et à se former des diverticules parfois dangereux, souvent douloureux.

Recommencez alors cet automassage par effleurage de droite à gauche, encore 5 minutes.

Puis continuez votre massage, toujours de droite à gauche, durant 5 minutes, mais cette fois-ci en exerçant une pression plus forte. Attention, cela ne doit jamais être douloureux. Cela ne doit pas être un « palpé-roulé ». Simplement, faites bien vibrer vos mains et vos doigts de façon à doucement communiquer ces vibrations dans la profondeur du ventre. Vous stimulez ainsi la muqueuse colique en accélérant discrètement la motricité. Là encore, 5 minutes.

Cet automassage pratiqué régulièrement tous les matins combat gaz, ballonnements, constipation. Il apaise les spasmes douloureux et redonne en quelques semaines un ventre plat et tonique.

La posture, clé du ventre plat

La lecture de n'importe quel magazine nous conforte dans l'idée que la société n'aime pas les gros ventres. Autrefois signe de richesse et d'aisance bourgeoise, le périmètre abdominal est devenu l'ennemi.

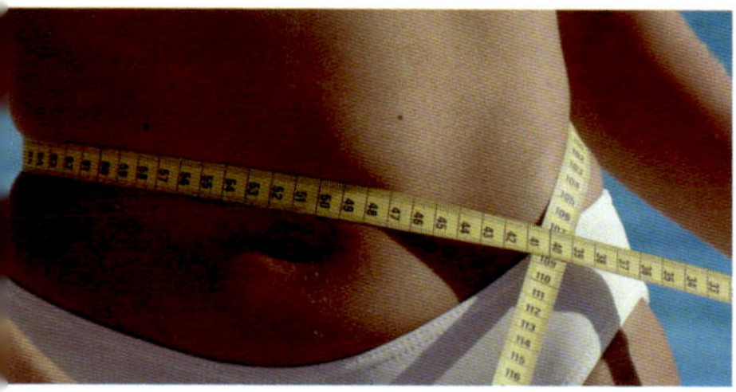

Longtemps diabolisé par les canons de la séduction féminine, le gros ventre est devenu unisexe. Les hommes aussi se doivent d'avoir le ventre plat et une « tablette de chocolat » bien ostensible.
Plus récemment, c'est la science médicale qui est venue donner raison aux partisans de la minceur abdominale avec la corrélation prouvée entre mortalité cardio-vasculaire et périmètre abdominal augmenté. 95 cm chez les femmes et 105 cm chez les hommes ; ce sont les chiffres au-delà desquels les artères et le cœur sont en danger.

Avoir le ventre plat n'est pas seulement joli !

C'est aussi le garant d'un bon confort digestif, d'un bon confort du « cerveau abdominal » et du monde émotionnel. Pour cela, il faut lutter contre l'obésité abdominale, cette graisse qui s'insinue entre les organes digestifs et qui ne se voit pas puisqu'elle se situe derrière les muscles abdominaux.
Mais pour cela, il faut aussi une bonne posture. Chez les gens qui ne dépassent pas les fameux 95 cm chez les femmes et 105 cm chez les hommes, la bonne posture représente plus de la moitié du problème.
Développer sa posture de manière correcte pour avoir le ventre plat nécessite un bon aplomb physique et un bon aplomb mental. Méditons sur ce terme d'aplomb qui signifie à la fois la verticalité (comme le fil du même nom) et une affirmation de soi.

Développer vos deux aplombs.

Ce petit exercice répété quotidiennement permettra de développer ces « deux aplombs » :

Pieds nus et debout, les yeux fermés (ou ouverts si vous avez tendance aux vertiges), respirons calmement, plutôt par le ventre, en gonflant le ventre à l'inspir et en le vidant à l'expir.
Les pointes de pieds sont légèrement dirigées vers l'extérieur ; si les pieds étaient les aiguilles d'une montre, ils indiqueraient onze heures cinq. Basculons le bassin comme si nous voulions projeter le pubis vers l'avant et effacer la courbure lombaire. Les genoux vont peut-être légèrement se fléchir, mais pas trop. Redressons doucement le dos, vertèbre par vertèbre, jusqu'aux épaules, puis redressons la tête qui se tiendra droite, menton rentré et crâne en arrière. Décontractons les épaules qui s'ouvrent pour libérer la respiration. Imaginons qu'au sommet de la tête (l'endroit où se pose la toise qui nous mesure) soit suspendu un fil à plomb invisible qui pendrait à l'intérieur du corps jusqu'au périnée. Ressentons la trajectoire de ce fils à plomb de manière qu'il passe par le milieu du périnée (entre vulve et anus chez les femmes, entre scrotum et anus chez les hommes). Ni trop à droite ni trop à gauche, ni en avant ni en arrière. Observons la posture bien placée, le ventre devenu plus plat, la respiration plus libre et notre aplomb... prêt à déplacer les montagnes.
Pratiquons cet exercice un peu chaque jour.

Avoir des abdos ne sert à rien

Contrairement à un cliché « tendance », développer ses abdominaux par une musculation intensive autant que pénible n'a jamais aplati aucun ventre. Les abdominaux sont des muscles de simple soutien ; les développer davantage ne sert à rien. Mieux vaut avoir une activité physique ludique qui nous permettra d'éliminer la graisse abdominale, une bonne diététique et une bonne posture.

Les gros ventres sont-ils peureux ?

Au cinéma, au théâtre, le peureux est souvent figuré par un acteur un peu rondouillard. L'art est le témoin de l'inconscient collectif. Cela ne veut pas dire que tous les gros sont peureux et les maigres téméraires, loin s'en faut. Cela veut dire qu'une posture de peureux, de soumis, de celui qui rentre la tête de peur qu'un malheur n'arrive se traduit par un ventre plus proéminent et un aspect plus bonhomme.

Exercices pratiques pour un ventre plat et en bonne santé

La méthode du Dr Ehrenfried nous fournit des mouvements bien adaptés à la santé du ventre. Il s'agit de faire travailler trois grands axes physiologiques qu'il convient de libérer pour que le corps et ses organes retrouvent un fonctionnement naturel. Respiration spontanée, tonicité-détente active, équilibre global, en tenant compte de :

- **l'interactivité :** le mouvement d'une région du corps agit localement et également à distance sur telle autre région, même éloignée. Un mouvement des pieds agira sur l'abdomen ;
- **la comparaison :** entre chaque mouvement, le vécu ressenti doit être décrit oralement. Ainsi vous enrichissez votre sensibilité proprioréceptive, c'est-à-dire la perception intime du fonctionnement de vos organes. Vous connaîtrez mieux votre corps et corrigerez spontanément certaines erreurs ;
- **l'interprétation personnelle du mouvement proposé :** le professeur ne montre jamais le mouvement, sans aucune gestuelle, il se contente de le décrire oralement. À l'élève de réaliser ce mouvement selon sa propre sensibilité et ses possibilités.

Pour permettre de tester la méthode, nous proposons trois exemples de mouvements. Ils vous aideront à solutionner vos problèmes de ventre. Exécutez-les de préférence le matin. En un quart d'heure, ils vous soulageront.

- Allongé sur le dos, jambes fléchies, pieds parallèles, appuyez légèrement vos pieds sur le sol comme si vous vouliez le repousser.
- Contractez votre périnée. Puis appuyez la pointe de la langue contre le palais.
- Une légère mobilisation du bassin suffit alors pour prendre appui sur le sacrum et activer le muscle transverse qui tapisse votre abdomen. Ventre plat et taille fine seront au rendez-vous.

- Allongé sur le sol, jambes fléchies, tête reposant sur un livre de faible épaisseur, observez d'abord votre respiration spontanée dans cette position de détente. Laissez-vous aller. Sentez votre thorax se dilater puis se contracter à votre propre rythme. Votre ventre suit le rythme.
- Tournez la tête très doucement de droite à gauche et inversement. Analysez votre ressenti au niveau cervical puis abdominal.
- Enfin, ouvrez largement la bouche et baillez profondément.
- Ce bâillement libère le diaphragme et la ceinture abdominale.
- Puis, bouche fermée, massez la voûte du palais avec votre langue en appuyant la pointe sur le palais et en allant d'avant en arrière et d'arrière en avant. Prenez un petit temps de repos entre deux respirations.

- Debout maintenant, faites roulez une balle dure de caoutchouc, type balle de golf, sous la plante d'un de vos pieds.
- Actionnez la balle du talon aux orteils et vice-versa.
- Refaire cet automassage du pied six fois d'affilée.
- Analysez ce que vous ressentez. Votre pied travaillé devient plus souple, plus vivant par rapport à l'autre. Il n'est plus un « moignon » inerte.
- Si vous fléchissez le buste en avant, vous constaterez que le bras du côté du pied travaillé descend plus bas que l'autre. Il y a détente musculaire de tous les hémicorps.
- Enfin vous ressentez une délicieuse sensation de relaxation au niveau du ventre qui se décontracte et se dégonfle.
- Recommencez encore cet automassage à la balle pour l'autre pied.

Ainsi, en quelques minutes chaque jour, vous trouvez amélioré le fonctionnement de votre intestin. Mais rien évidemment ne remplacera la fréquentation d'un cours organisé par un praticien Ehrenfried compétent[2].

2 - L'association « Anciens élèves du docteur Ehrenfried » (AEDE) tient à votre disposition la liste des praticiens Ehrenfried à travers la France.

Exercices pratiques suite

Ciel terre homme ; le ventre et le Tao

Cet exercice inspiré du taoïsme et de la médecine traditionnelle chinoise est un trésor de bienfait pour l'intestin et tous les organes abdominaux.

Debout et pieds nus dans un endroit bien tranquille, les yeux fermés ou mi-clos, ressentons bien le contact des pieds avec le sol. Tout le pied est en contact ; les orteils, le talon et les bords ; nous ressentons bien le vide de la voûte plantaire. Levons doucement les bras à la verticale comme si nous voulions toucher le ciel avec la paume de nos mains ; grandissons-nous le plus possible et branchons-nous dans cette posture sur la sensation du ventre. Expirons tout l'air de la poitrine en rentrant le ventre au maximum. Puis inspirons à nouveau en allant chercher le contact avec les nuages le plus haut possible ; expirons à nouveau en rentrant le ventre ; faisons cela sur cinq respirations.
Ramenons nos mains à côté de nous, les bras le long du corps et les paumes de mains dirigées vers la terre comme si nous voulions toucher la terre tout en restant debout. Cela nous oblige à relâcher nos épaules. Dans cette posture vers la terre, expirons l'air le plus complètement en rentrant le ventre le plus possible puis re-inspirons l'air à nouveau. Faisons cela sur cinq respirations.
Enfin écartons nos bras à l'horizontale de chaque côté du corps, comme si nous donnions la main à des amis dans une grande farandole. Écartons les mains le plus possible de l'axe du corps, comme si un ami nous tirait de chaque côté. Dans cette posture, relâchons bien les épaules et expirons l'air le plus complètement en rentrant le ventre le plus possible puis re-inspirons l'air à nouveau. Faisons cela sur cinq respirations.

Le fil à plomb pour l'aplomb

Debout dans un endroit tranquille, les pieds bien posés au sol, nous allons porter l'attention sur le point situé au sommet du corps, au plus haut de la tête, à l'endroit où la toise se pose lorsqu'on mesure la taille. Appelons ce point le pôle nord. Puis portons l'attention sur le point situé au milieu du périnée (entre vulve et anus ou entre l'arrière des testicules et l'anus). Appelons ce point le pôle sud. Les yeux fermés ou mi-clos, ressentons la présence de ces deux points puis plaçons un fil à plomb imaginaire attaché au pole nord qui descendrait à l'intérieur de la tête et du corps jusqu'au milieu de nos pieds. Faisons passer ce fil à plomb par le milieu du pole sud. Ressentons bien : sommes-nous trop vers la gauche ou trop vers l'avant, la droite, l'arrière ? Replaçons bien la posture pour que les deux pôles soient sur la même verticale. Respirons calmement et observons mentalement le ventre et le confort abdominal. Ressentons l'aplomb physique et l'aplomb moral dans cette posture. Associons ces trois éléments mentalement : la verticalité, l'aplomb ; le confort du ventre ; la confiance en nous-même et l'aplomb psychologique.

Rencontrer son ventre

Allongé confortablement, les yeux fermés ou mi-clos, posons nos mains sur le ventre et... allons à sa rencontre. Il est là, tout près de nous et nous ne pensons jamais à le toucher, le caresser, le masser. Commençons par caresser le ventre, en ressentant les zones plus dures, plus tendues, puis massons doucement, sans brusquer et sans faire mal. Nous pouvons si cela nous est agréable et avec un peu d'habitude véritablement pétrir ce ventre en le massant profondément. Terminons par un léger « palpé roulé » très souvent un peu douloureux mais terriblement apaisant. Parlons-lui et envoyons-lui les messages les plus affectueux. N'ayons pas peur de nous comporter comme si nous étions dérangés mentalement ; osons dire notre confiance et notre amour à notre ventre !

LES TRAITEMENTS NATURELS

Micromycothérapie pour l'intestin

De petits champignons hautement dynamiques.

Le ventre est très sensible aux mycoses, c'est-à-dire aux attaques des champignons, en particulier le *Candida*. La micromycothérapie est une branche de la médecine qui utilise des dilutions homéopathiques de minuscules champignons pour traiter certaines affections, en particulier intestinales. La technique de préparation de ces médicaments implique donc une dynamisation par secousses successives exaltant ainsi leur potentiel énergétique et leurs possibilités médicamenteuses.

L'intestin pâtit d'une imprégnation mycosique généralisée caractéristique du monde moderne et de sa pollution actuelle. Cette imprégnation mycosique dépend de plusieurs facteurs.

Tout d'abord, les cures d'antibiotiques répétées, largement prescrites, « fusillent » la flore intestinale et laissent place au développement de bactéries et champignons dangereux.

De même, l'utilisation d'antibiotiques en médecine vétérinaire pour traiter les affections animales entraîne une contamination des viandes et abats pour l'intestin.

Des tourteaux oléagineux utilisés pour l'alimentation animale et l'extraction de certaines huiles contiennent des toxines mycosiques, dont la redoutable alpha-toxine.

Enfin, les moquettes neuves, même traitées, dont sont tapissés pratiquement tous les appartements sont parasitées non seulement par des acariens (dermatophagoïdes) mais également par des microspores mycosiques.

Il y a là source d'allergies cutanées et intestinales responsables de troubles variés.

Les microchampignons

Plusieurs variétés de microchampignons sont utilisées pour traiter ainsi les différents troubles du transit intestinal.
Il est évident qu'il ne faudra mettre en œuvre de tels traitements qu'après avoir vérifié l'absence de toute lésion organique. Votre médecin doit être tenu au courant.

Dans les colites spasmodiques, traduisant un syndrome d'intestin irritable, on préconise durant plusieurs semaines :

un jour	1 ampoule	Penicillium caseicolum D8	*30 ampoules*
l'autre jour	1 ampoule	Fusarium oxyporum D8	*30 ampoules*

Très désinfectant.

Dans les diarrhées

2 à 3 fois par jour	1 ampoule	Penicillium notatum D8	*30 ampoules*

Dans les constipations sans besoin

Le soir au coucher	1 ampoule	Penicillium caseicolum D8	*30 ampoules*

La bouche

Dans les aphtes récidivants traduisant souvent des problèmes coliques, on alternera :

un jour	1 ampoule	Candida albicans D8	*30 ampoules*
l'autre jour	1 ampoule	Penicillium citreus D8	*30 ampoules*

Dans les « langues noires » brûlantes apparaissant parfois lors d'un traitement prolongé aux antibiotiques, témoignant alors d'une infection mycosique :

3 fois par jour	1 ampoule	Candida albicans D8	*30 ampoules*

pendant 10 jours

Des minéraux pour l'intestin

Des minéraux, roches et minerais dilués et dynamisés auront une action tout à fait intéressante pour régulariser et désintoxiquer l'intestin. Ils sont l'objet d'une branche de la médecine, la lithothérapie déchélatrice. Ces minéraux agissent en libérant des éléments métalliques qui, activant certaines enzymes, stimulent le métabolisme intestinal. Ils sont prescrits en ampoules perlinguales à la huitième décimale

Minerai de molybdène

Cette lithothérapie déchélatrice a de nombreuses applications au niveau du ventre.

Pour rééquilibrer la flore intestinale

• **Argent natif D8 :** ce minerai d'argent a une action anti-infectieuse et anti-inflammatoire, il s'oppose aux pullulations microbiennes et mycosiques.

• **Azurite D8 :** ce minerai de cuivre a une action assez proche de celle de l'argent, mais plus anti-infectieuse. Par ailleurs, le cuivre est un antispasmodique puissant qui permettra d'éviter les phénomènes inflammatoires générateurs de flore pathologique.

Minerai de zinc

• **Bétafite D8 :** a une action antiparasitaire générale (particulièrement sur l'oxyurose). Beaucoup de colopathies ont pour point de départ une parasitose (amibiase, tæniasis, etc.). Bétafite aura un effet de « nettoyage » des séquelles induites des parasitoses sur l'état immunitaire du tractus intestinal.

Minerai de nickel

• **Orpiment D8 :** minerai riche en arsenic. Ce sulfure d'arsenic a une action anti-infectieuse en créant une sorte de « chimiothérapie dynamisée » qui stimulera les cellules immunocompétentes, tout en favorisant la cytolyse des cellules indésirables.

Pour une action antispasme

- **Azurite D8 :** son cuivre est un antispasmodique du muscle lisse par excellence. Il combat les crampes abdominales.
- **Chalcopyrite aurifère D8 :** minerai de cuivre, comme l'azurite, mais dont l'action est plus nettement anti-inflammatoire. À utiliser dans les pathologies à vitesse de sédimentation élevée.
- **Lapis-lazuli D8 :** action antispasmodique du magnésium et de l'aluminium, avec effets anti-inflammatoires de l'or. La présence de calcium en faible quantité régularise les échanges ioniques au niveau de la membrane cellulaire des cellules intestinales.
- **Olivénite D8 :** minerai de cuivre et d'arsenic, son action est antispasmodique surtout si la tendance spastique est d'origine diencéphalique et émotionnelle.

Lithothérapiques déconstipant

- **Grès rose D8 :** le grès rose des Vosges correspond aux états atoniques, générateurs de colopathies avec constipation atone. Une ampoule le soir au coucher en cas de constipation.

Lithothérapiques agissant comme régulateurs émotionnels

L'intestin résonne aux émotions. La lithothérapie est antistress.

- **Glauconie D8 :** utile surtout sur les pathologies intestinales survenant dans un contexte spasmophile.
- **Rhodonite D8 :** manganèse, régulateur neurovégétatif sur les terrains déminéralisés et chez des sujets fatigables.
- **Jaspe vert D8 :** hérité de la médecine taoïste, il sera utile lorsque le trouble intestinal a pour origine un dysfonctionnement biliaire et surtout une insuffisance du carrefour hépato-biliaire.
- **Garniérite D8 :** lors des insuffisances exocrines pancréatiques génératrices de gaz abondants.

La gemmothérapie, des bourgeons « antiâge »

La gemmothérapie désigne l'utilisation des bourgeons ou des jeunes pousses de plantes pour régénérer les tissus.

Cette méthode de traitement fait partie de la phytothérapie puisqu'elle utilise des plantes, mais son originalité réside dans le fait que ce n'est jamais la plante « adulte » qui est utilisée mais les parties les plus « jeunes ». Bourgeons, jeunes pouces, sève, radicelles sont très riches en substances qui témoignent de la croissance rapide de la plante ; ces parties possèdent sur l'organisme des propriétés très proches de celles de la plante entière, mais beaucoup axées sur la régénération cellulaire ; une véritable cure de jouvence pour les tissus.
Au niveau du ventre, cette régénération tissulaire va être particulièrement intéressante sur l'intestin, toujours soumis à de rudes épreuves, mais aussi sur le foie qui est l'usine chimique de tout le corps et le pivot de la digestion ainsi que de la forme. L'action des bourgeons sur le pancréas sera essentielle dans les fatigues liées au ventre et à la mauvaise tolérance au sucre.
Les bourgeons sont préparés par macération dans un mélange d'alcool, d'eau et de

Le romarin et le genévrier pour les foies fatigués

Méforme, lenteur digestive, fatigue plus marquée après les repas sont souvent le fait de foies fatigués par le stress accumulé ou par des substances toxiques accumulées (mauvaise alimentation ou traitements prolongés). Parfois, ce sont les séquelles d'une hépatite qui nous empêchent de nous remettre totalement. Le romarin (*Rosmarinus officinalis en bourgeons*) et le genévrier (*Juniperus communis*) sont les deux plantes amies du foie qui assurent une véritable cure de jeunesse pour le foie. 25 gouttes de chaque, matin, midi et soir.

Intestin, quand tu nous tiens !

La colite, les spasmes et les gaz rendent le ventre tendu et douloureux et créent une sollicitation permanente de la conscience qui empêche que le « second cerveau » abdominal ne se repose. L'airelle (*Vaccinium vitis ideae*) et le tilleul (*Tilia tomentosa*) seront nos amis, à la dose de 25 gouttes de chaque, matin, midi et soir. Associez le romarin (*Rosmarinus*) si la constipation vient compliquer les choses et le noyer (*Juglans regia*) si les gaz sont vraiment importants.

glycérine qui permet que tous les bons principes actifs soient extraits sans être dénaturés. Ils se présentent donc sous forme liquide et seront pris à la dose de 50 gouttes matin, midi et soir pour un adulte ou à la dose d'une goutte par kg et par jour chez l'enfant, à boire avec un peu d'eau, en dehors des repas.
On peut utiliser plusieurs bourgeons simultanément. Dans ce cas, on veillera à ne pas dépasser la dose globale de 150 gouttes par jour chez l'adulte ou une goutte par kg et par jour chez l'enfant.
Durant l'année, on peut aussi alterner des cures de différents bourgeons afin d'offrir un cycle de régénération globale à l'organisme.
Pour se les procurer, demandez-les sous leur dénomination latine au pharmacien. (Exemple : Rosmarinus officinalis bourgeons, macérat glycériné 1D, un flacon 250 ml.)

Reflux et acidité

Les symptômes liés à des reflux ou de l'acidité de l'estomac sont fréquents chez les stressés chroniques. La sensation permanente d'un estomac enflammé nuit à la qualité du sommeil et aggrave la sensibilité au stress. C'est le cercle vicieux ; la digestion devient impossible, même pour des aliments banaux. Une cure de figuier (*Ficus carica*) et de tilleul (*Tilia tomentosa*) vous aidera.

L'homéopathie : traiter le terrain

La méthode thérapeutique découverte par Samuel Hahnemann il y a plus de deux siècles est maintenant bien connue en Europe. Traiter avec des dilutions extrêmes, dynamisées, de substances qui auraient donné les mêmes symptômes si elles avaient été prises chez un sujet sain constitue la loi de base de l'homéopathie : la loi de similitude.

L'hellébore blanc (*Veratrum album*) est une plante toxique qui peut provoquer une intoxication grave lorsqu'elle est confondue avec la gentiane qui lui ressemble : diarrhée, vomissements avec épuisement, sueurs froides et même syncope pouvant conduire à un état grave. Cette même plante peut guérir de ces symptômes lors d'une gastro-entérite par exemple ou d'une grave intoxication alimentaire. Pour cela, on utilisera le rhizome de la plante dilué et dynamisé, c'est-à-dire secoué un grand nombre de fois entre chaque dilution. Ainsi, le médicament obtenu guérira celui qui aura diarrhée, sueurs froides, vomissements et altération de l'état général avec épuisement et défaillance.

De nombreux médicaments homéopathiques peuvent être d'un grand secours pour les problèmes de ventre au quotidien.

La coloquinte (*Colocynthis*) est une cucurbitacée uniquement décorative, car elle est toxique si on la consomme. Elle peut provoquer des coliques par spasmes très importantes qui auront une caractéristique essentielle : toutes les douleurs du ventre seront comme des crampes, soulagées en se pliant en deux. C'est pourquoi Colocynthis est à même de soulager toutes les coliques, les gastrites et les problèmes abdominaux en tous genres dès lors qu'ils sont comme des crampes, des spasmes et qu'ils sont soulagés en se pliant en deux !

Le ventre est un sujet sérieux ; si les symptômes persistent malgré nos conseils, il faut consulter.

Quelques clés contre le mal de ventre

Douleurs du ventre à type de spasme améliorées plié en deux : prendre Colocynthis 5CH, 3 granules toutes les heures jusqu'à amélioration.

Douleurs identiques mais améliorées en s'étirant vers l'arrière : prendre Dioscorea 5CH, 3 granules toutes les heures jusqu'à amélioration.

Brûlures de l'estomac et/ou maux de ventre avec constipation et mauvaise humeur, surtout après un repas trop riche ou trop arrosé : Nux vomica 5CH, mêmes doses.

Vomissements et homéopathie

Vomissements par spasmes, ou nausées ; les vomissements ne soulagent pas et la langue est propre, pas chargée : prendre Ipeca 5CH, trois granules toutes les deux heures.

Vomissements par indigestion ou excès alimentaires, avec une langue chargée et blanche : Antimonium crudum 5CH, même dose.

Vomissements ou nausées avec reflux acide dans la bouche, mauvaise haleine : Sulfuric acidum 5CH, même dose.

Des granules contre la constipation

Constipation par paresse intestinale avec accumulation de matières mais on n'arrive pas à les expulser, selles dures : prendre Alumina 4CH, 3 granules matin, midi et soir durant quelques jours.

Constipation avec fausses impressions d'avoir envie ; parfois selle « à ressort » qui remonte dans le rectum ; humeur maussade : Nux vomica 5CH, même dose.

Constipation sans envie avec des selles en petits morceaux, souvent après avoir abusé des laxatifs : Hydrastis 4CH, même dose.

Constipation de toutes petites selles dures et noires comme des crottes de lapin ; le ventre est dur : Plumbum 4CH, même dose.

L'homéopathie ne se contente pas d'améliorer les symptômes passagèrement, elle permet aussi de traiter en profondeur les problèmes de ventre en donnant de nous-même une vision globale. Les homéopathes parlent de terrain, parfois de diathèse (mot ancien qui désigne la même chose).
Parmi les terrains qui prédisposent aux problèmes de ventre, trois sont intéressants à considérer. Ils portent le nom de psore, de sycose et de luése.
Dans la psore, la logique fondamentale des problèmes est l'accumulation de toxines et les crises d'élimination ; dans la sycose, c'est le ralentissement des énergies du ventre ; dans la luése, c'est l'inflammation chronique qui rend malade.

Les crises périodiques de la psore

Si votre terrain est celui de la psore, vos problèmes de ventre sont périodiques. Les périodes de diarrhées ou de douleurs ou de difficultés de digestion, brûlures d'estomac, etc. alternent avec des périodes de calme où tous les symptômes disparaissent.
Votre ventre fonctionne comme un accumulateur qui se charge en différentes sortes de toxines que sont les mauvais aliments, les radicaux libres et les émotions négatives (qui sont une sorte de toxine virtuelle). Après un certain temps, la coupe est pleine et votre organisme décide d'éliminer ; c'est la crise.
Si vous bloquez par des médicaments classiques les symptômes de votre ventre, ce sera une autre partie du corps qui prendra le relais car le corps a absolument besoin d'éliminer. En bloquant vos brûlures d'estomac par des antiacides, vous ne souffrirez plus de l'estomac mais peut-être serez-vous très irritable et coléreux avec votre entourage ? Si vous bloquez une tendance chronique à de la diarrhée, peut-être aurez-vous davantage d'allergies à la peau, ou des symptômes de rhume ?
Votre ventre est un accumulateur physique et psychique qui vous permet de rester en bonne santé au prix de nombreux symptômes. La solution pour vous est de réfléchir à un meilleur mode de vie alimentaire et émotionnel.
Parmi les grands médicaments homéopathiques qui vous aideront, avec l'aide d'un spécialiste de la méthode, figure « sulfur » (le soufre).

Le ralentissement et la rétention d'eau de la sycose

Si votre terrain est la sycose, votre problème est que vous n'éliminez rien, ni sur le plan physique ni sur le plan psychique et émotionnel. Vous gardez tout, même si vous vomissez ou avez la diarrhée. En réalité, les toxines restent à l'intérieur. D'ailleurs, vous avez souvent tendance à la rétention d'eau, à l'embonpoint du ventre. Tout chez vous est assez ralenti. L'humidité vous est assez souvent néfaste, plus rarement elle vous améliore.

Votre ventre est devenu une sorte de poubelle à stress et à toxines mais vous n'avez pas la réactivité de la psore pour faire des crises et éliminer. Émotionnellement aussi vous gardez tout et n'avez pas l'énergie pour extérioriser ou même pour passer outre. Vous faites de la colite chronique et votre ventre n'est jamais tranquille. Les gaz s'accumulent et s'éliminent plus ou moins bien.

La solution pour vous est d'accepter de lâcher prise, aux sens physique et figuré. De l'exercice physique, une discipline respiratoire et l'abandon des vieilles peurs constituent un programme colossal mais incontournable. Dans cette aventure, les grands médicaments homéopathiques susceptibles de vous aider seront l'acide nitrique (*Nitricum acidum*) et le thuya ornemental (*Thuya occidentalis*).

Inflammation, saignements et ulcères de la luése

Si votre terrain est la luése, vos problèmes de ventre ne sont jamais bénins et vous accumulez les catastrophes. Les ulcères de l'estomac, les maladies de l'intestin telles que la recto colite ou la maladie de Crohn, les fissures anales peuvent être votre quotidien. C'est le terrain qui nécessite le plus le recours aux examens complémentaires et au gastro-entérologue.

Votre ventre est un lieu de lutte. La colère de votre ventre est à la mesure de votre tempérament tourné vers cette émotion qui a été rentrée, non exprimée le plus souvent et qui trouve sa vengeance dans l'inflammation des tissus du ventre.

Pour vous aider, une bonne hygiène de vie bannissant tout ce qui peut vous nuire (tabac, alcool et addictions) et un apaisement émotionnel des vieilles rancunes, des injustices aideront à améliorer le terrain avec l'aide de grands médicaments homéopathiques comme le mercure (*Mercurius solubilis*).

Des plantes amies, la phytothérapie

Les plantes sont des alliés très précieux dans tous les problèmes qui concernent le ventre, que l'origine des troubles soit liée à la mauvaise digestion, à des excès ou des déséquilibres alimentaires ou encore – et c'est souvent le cas – à un dérèglement du « cerveau du ventre » qui manifeste ainsi sa difficulté à gérer la vie émotionnelle.

Les plantes sont fiables et efficaces, et n'entraient aucun effet secondaire à condition qu'elles soient utilisées de façon éclairée. Le recours à un phytothérapeute est le gage d'un traitement sans risque, mais une automédication dans les limites des plantes les plus connues est bien sûr possible. Le recours à des plantes vendues en pharmacie dans le circuit officiel est indispensable. Nous vous déconseillons formellement de vous procurer des plantes en gélules par internet via des circuits qui évitent les contrôles nécessaires que subissent les laboratoires sérieux. Dans tous les cas, choisissez un pharmacien qui aime les plantes et qui aura plaisir à vous conseiller ; il sera votre meilleur guide.

La phytothérapie moderne utilise les plantes sous formes de poudres micronisées ou d'extraits qui sont vendus en gélules. Bien entendu, la manière la plus simple de prendre les plantes est encore de les consommer, d'autant que certaines sont des aliments, tels la menthe ou le romarin. D'autres peuvent être prises en tisanes, comme la sauge, la verveine ou la menthe. Mais la phytothérapie la plus efficace qui concentrera le mieux les dosages adaptés reste la gélule de poudre micronisée ou d'extrait.

Les plantes antispasmodiques

La tuyauterie digestive n'aime pas le spasme. Elle a besoin pour bien fonctionner que les contractions de l'intestin soient harmonieuses et se propagent de loin en loin (péristaltisme) pour faire progresser les aliments. Le spasme empêche cela et entraîne de la douleur, de la mal-digestion, des gaz et dérègle tout le ventre ; les plantes qui calment les spasmes sont la lavande, la mélisse, la ballote, l'angélique, le fenouil, la menthe, le romarin, la sauge, le thym ou encore l'aubier de tilleul.

Les plantes du foie et de la vésicule biliaire

Le foie est une usine chimique sans pareil. Un de ses multiples rôles est de fabriquer la bile qui sera stockée puis éliminée par la vésicule biliaire pour bien digérer les aliments. (La bile est riche en enzymes très puissantes ; elle constitue, avec le suc pancréatique, la clé de la digestion.) Les plantes qui stimulent le foie et la vésicule biliaire sont l'angélique, le romarin, la sauge, l'artichaut, le radis noir, l'aubier de tilleul ou encore la fumeterre.

La plante pour grossir

Le fenugrec, très connu et cultivé en Chine, en Inde et autour de la Méditerranée, est une plante dont on utilise les graines pour ses propriétés sur le pancréas et sur l'appétit. Le fenugrec ouvre l'appétit et fait grossir, ce qui rend cette plante très utile chez les maigres éternels et chez les « body builders ». Mais elle stimule le pancréas et harmonise la sécrétion d'insuline dans le sang, ce qui la rend très utile chez les diabétiques, en complément de leur traitement.

Les plantes du « cerveau du ventre »

Si le ventre est le berceau de toute la vie émotionnelle, rien d'étonnant à ce que toutes les plantes qui agissent sur ce « second cerveau » puissent être à même d'apporter la

paix du ventre en même temps que la paix de l'âme. Parmi ces nombreuses plantes, on compte la ballotte, la mélisse, la passiflore et la lavande.

Les plantes antigaz

Les fermentations intestinales sont à l'origine d'un inconfort, de douleurs et d'une mauvaise digestion. Symptôme banal, les gaz peuvent être la conséquence du spasme, de la nervosité du « cerveau abdominal » ou encore de déséquilibres de la flore. Les plantes qui luttent le mieux contre les gaz sont entre autres l'angélique, le fenouil, la mélisse, la menthe, le romarin, l'aubier de tilleul, la sauge et le cumin.

Stimuler les digestions lentes

La digestion est la source de l'énergie mais elle nécessite aussi une certaine énergie pour se mettre en route. Parfois, certaines personnes peuvent avoir la sensation qu'elles sont dans l'incapacité de digérer quoi que ce soit. Plusieurs heures plus tard, les aliments semblent être intacts dans l'estomac, le ventre semble ballonné et incapable de dissoudre ce qui a été ingurgité. Les plantes qui stimulent la digestion en apportant l'énergie nécessaire aux glandes digestives et à l'intestin sont principalement le fenouil, la menthe, la sauge et le cumin.

La flore intestinale en pagaille

Nous avons insisté sur la nécessité de posséder une flore intestinale riche permettant d'aider à la digestion et d'éviter la pullulation de germes indésirables. Un certain nombre de plantes ont des propriétés antiseptiques qui aideront à éliminer ces germes néfastes pour que la flore utile puisse à nouveaux se développer. Ce sont en particulier la menthe, le romarin, la sauge, le thym, le cumin, le radis noir et la lavande.

Faites vous aider par le radis noir

Cette plante sauvage, d'origine inconnue, est saluée, depuis des millénaires pour ses vertus médicinales, en particulier digestives.

Sa culture très ancienne, remonterait à l'Egypte des pharaons. Abondante dans les champs de nos pays, on récolte sa racine à la fin de l'été.
Celle-ci possède une enveloppe noire et présente une section blanche.

Ce que le radis noir peut faire pour vous

C'est la plante des foies paresseux ! Elle contient des composés organiques soufrés, favorisant le drainage du foie et de la vésicule biliaire et l'élimination des toxines et des déchets. Le radis noir est donc conseillé pour soulager ces organes victimes de modifications alimentaires liées aux changement de saison et après les excès alimentaires de fin d'année.

Les propriétés cholérétique (stimulant la sécrétion biliaire) et cholalogue (facilitant l'évacuation de la bile) peuvent être mises à profit pour soulager les troubles hépatiques et biliaires (insuffisance hépatique, migraines d'origine hépatique, allergies digestives…).

Contre indications et précautions d'emploi

Le radis noir ne doit cependant pas être utilisé en cas d'obstruction des voies biliaires.

Comment l'utiliser

La posologie conseillée est une gélule matin, midi et soir, à prendre dans un grand verre d'eau en cure de 20 jours par mois.

Les huiles essentielles du ventre

L'aromathérapie est le nom donné à l'utilisation des huiles essentielles de plantes dans le but de soigner. Les huiles essentielles sont obtenues en distillant les plantes afin de recueillir la partie la plus volatile, la plus aromatique de tous ses constituants. Le rendement est très faible, ne dépassant jamais 20 %, descendant à 2 ‰ en ce qui concerne la rose.
Pour certaines plantes comme les agrumes, l'huile essentielle ne nécessite pas de distillation car, contenue dans le zeste, elle s'obtient par simple pression.

L'huile essentielle porte ce nom car elle est à la fois une huile et une essence. Elle est donc soluble dans l'eau comme dans l'huile, ce qui lui confère la capacité de traverser très facilement toutes les membranes biologiques. Les huiles essentielles (HE) sont donc absorbées de manière très active, ce qui les rend redoutablement efficace. Cette efficacité n'est pas sans danger. Véritable quintessence de la plante, il convient

Le cumin produit une huile essentielle qui est une véritable panacée pour le ventre. Plante anisée très utilisée en pâtisserie (orientale) et en accompagnement des fromages – munster, cumin –, le cumin calme les nausées, l'aérophagie, les flatulences mais est aussi antispasmodique sur les colites. Il stimule l'appétit chez les convalescents et les déprimés ; en outre, il calme les nerfs et facilite l'endormissement chez les colitiques nerveux.

d'être très vigilant sur les doses. Chez l'enfant et chez la femme enceinte, le plus prudent est de ne pas les utiliser sans l'avis d'un aromathérapeute.

Pour traiter les troubles du ventre et de la digestion, on les utilisera aussi bien en massages sur l'estomac et le ventre qu'en usage interne en les absorbant sur un support solide (bout de sucre, pointe de miel ou mie de pain) car elles ne sont pas très solubles dans l'eau.

En massages, on les diluera dans un peu d'huile vierge d'avocat ou d'olive.

La menthe, le basilic, la coriandre et le carvi, de même que le gingembre sont très bénéfiques à la digestion lorsqu'ils sont associés aux aliments ; il ne faut jamais se priver de ces plantes aromatiques délicieuses. Leurs huiles essentielles permettent de réguler bien des problèmes gastriques ou intestinaux.

Une goutte d'HE de menthe au milieu du repas de midi permet d'activer une digestion fastidieuse et de relancer tout le métabolisme du ventre.

L'HE de basilic, à la dose d'une goutte par jour au milieu du repas, régule les constipations comme les diarrhées et lutte contre les spasmes du côlon irritable.

L'HE de gingembre agit sur l'estomac en calmant les nausées, les vomissements mais est aussi un bon tonique général et un tonique de l'intestin ; on l'utilisera dans les constipations pour relancer un intestin endormi. Une goutte par jour pendant un repas ou deux gouttes diluées en massages sur la région du bas-ventre tous les soirs.

L'HE de coriandre est un trésor contre l'aérophagie et les gaz intestinaux. On pourra suivre une cure de 15 jours, trois ou quatre fois par an, d'une goutte par jour au cours du repas.

Le citron, puissant détoxifiant

L'huile essentielle de citron est un antiseptique atmosphérique très agréable et très efficace utilisable dans les diffuseurs. C'est surtout un ami de la digestion, particulièrement sur les terrains un peu « encrassés » par les abus, les médicaments ou dans les suites de maladies comme les hépatites. Nausées, mal des transports, mais aussi digestion longue et difficile peuvent bénéficier de ses vertus. L'HE est fort utile lorsque le pancréas est ralenti (intolérance aux sucres, mauvaise digestion des graisses) ou le foie fatigué (mauvaise digestion avec fatigue et mauvaise haleine). On l'utilisera en massage, diluée à la dose de deux à trois gouttes par jour, par cures de 20 jours. On ne l'utilise pas en période d'exposition au soleil car elle est très photosensibilisante.

Côlon irritable et spasmes, quand l'intestin fait des nœuds

Le syndrome du côlon irritable touche jusqu'à 20 % de la population dans les pays industrialisés, avec une prédominance chez la femme. Il est présent dès l'âge scolaire ; une bonne partie des maux de ventre chez l'enfant serait liée à cette affection dont le stress constitue un élément clé.

Le côlon irritable n'est pas une vraie maladie, mais un dérèglement du fonctionnement normal du côlon

Le péristaltisme (cette propriété de se contracter de proche en proche, comme une onde qui fait progresser le contenu de l'intestin) est déréglé : en lieu et place des belles ondes de contractions se produisent des spasmes qui sont douloureux, qui empêchent que la digestion se fasse correctement et qui favorisent la mauvaise absorption des gaz. En effet, la majeure partie des gaz que produit la digestion par la fermentation des aliments est éliminée par voie pulmonaire ! Les gaz passent dans le sang sous forme dissoute – comme tout le gaz carbonique du corps – et s'évacuent à chacune des expirations. Les spasmes sont parfois peu intenses et non ressentis douloureusement mais suffisamment fort tout de même pour empêcher un sommeil de bonne qualité. La personne n'a pas obligatoirement la sensation de mal de ventre mais a un sommeil peu réparateur.

Diarrhée ou constipation, parfois alternance des deux, font partie des symptômes courants de ce dérèglement, de même que les flatulences. Parfois, de faux besoins d'aller à la selle ou une évacuation incomplète entraînent un grand inconfort du

ventre qui rejaillit sur la forme et sur l'humeur.
Souvent, les selles sont recouvertes d'un mucus qui montre bien que la muqueuse de l'intestin est chroniquement enflammée.

Le côlon irritable n'a pas de cause identifiée par la médecin

On retrouve cependant, une prédisposition familiale, une prédominance féminine et surtout un terrain stressé depuis l'enfance. Le désir de bien faire, la dépendance au regard de l'autre, la difficulté de se laisser aller à être soi-même sans crainte du jugement d'autrui sont des caractéristiques souvent retrouvées. Parfois aussi, un gros traumatisme de l'enfance, sexuel, ou une injustice profonde peuvent avoir été le déclencheur.
Pour certains, le gluten et le lactose seraient les grands coupables du côlon irritable. Il convient de constater que, si ce type de régime ne convient pas à tout le monde, les exemples sont multiples de gens ayant vu tous leurs symptômes disparaître en cessant les aliments contenant du gluten et du lactose.

Prébiotiques et probiotiques

Le traitement du côlon irritable est multiple. Plantes, homéopathie, relaxation, massages et diététique saine sont d'un intérêt certain. Mais les prébiotiques (fibres alimentaires dont se nourrit la flore intestinale) et les probiotiques (bactéries utiles constituant la flore intestinale) ont montré leur grande régularité d'action contre les symptômes du côlon irritable. Les régimes excluant les légumes et fruits crus n'ont qu'une efficacité de courte durée et sont dommageables car ils nous privent de vitamines et antioxydants. Diminuer les graisses, l'alcool excessif et les aliments industriels est par contre assez indispensable.

Gaz de droite ou de gauche

La nature des flatulences peut renseigner sur la partie du côlon qui est le plus en souffrance. Ainsi, si les gaz sont bruyants, de fort volume et peu odorants, il s'agit de gaz de fermentation (gaz carbonique surtout) : l'origine des troubles se situe dans la partie droite du côlon. Si au contraire ils s'évacuent sans bruit, sont de faible volume, mais avec un parfum meurtrier, il s'agit de gaz de putréfaction (méthane et hydrogène sulfuré) : leur origine se situe dans la partie gauche et terminale de l'intestin.

Constipation, quand tu nous retiens !

Être constipé ne signifie pas avoir des selles dures et difficiles à expulser. On peut parfaitement, même si c'est peu fréquent, être constipé tout en ayant des selles molles. La définition de la constipation est simple : si vous avez trois selles par semaine ou moins, vous êtes constipé. Parfois, cette définition est difficile à appliquer : si vous allez aux toilettes tous les jours mais ne parvenez à évacuer que quelques miettes en restant en permanence avec une sensation de plénitude désagréable dans le ventre, on pourra dire aussi que vous souffrez de constipation.

En réalité, il y a deux catégories de constipation ; les distinguer est essentiel car les causes sont différentes et les moyens d'y remédier aussi : la constipation par lenteur de progression et les difficultés à déféquer.
Dans la lenteur de progression, la mauvaise hygiène de vie et la mauvaise diététique, de même que l'abus des laxatifs, en sont les causes. Dans le deuxième cas (que l'on nomme dyschésie rectale, car c'est la motricité du rectum qui est en cause), le manque d'exercice physique, le blocage nerveux et le fait de chroniquement se retenir, les mauvaises postures en sont les causes.

Le fait d'être constipé peut paraître un symptôme assez banal, pourtant c'est un problème particulièrement mal toléré. Tous les constipés sont unanimes pour dire que cela empoisonne leur vie. La banalité du symptôme fait que le corps médical leur donne l'impression de ne pas les prendre très au sérieux. Une fois les examens pas-

Des plantes pas si amies

Le séné, la bourdaine et la mauve sont des plantes à l'action très laxative mais dont il faut se méfier scrupuleusement. Leur utilisation au-delà de quelques jours équivaut à un laxatif chimique avec les mêmes inconvénients. On leur préférera l'ispaghul non toxique qui agit comme un mucilage.

sés (échographie, test de recherche de sang, coloscopie) et normaux, le constipé se sent un peu abandonné avec son symptôme si désagréable. On pourrait se demander pourquoi cela rend les gens si gênés et prêts à avaler parfois n'importe quoi, vu sur internet ou dans une publicité. C'est que l'inconfort du ventre provoqué par la constipation entraîne l'inconfort de tout le « second cerveau » et de toute la vie émotionnelle. Souvenons-nous du « Comment allez-vous ? » qui signifiait à l'origine « Avez-vous correctement évacué ? »

Rien d'étonnant à ce que des disciplines telles que le yoga, la méditation, recommandent des purgations ou des lavements pour correctement méditer ! Pour avoir la tête pleine, il faut avoir le ventre vide !

Des règles simples pour un ventre libéré

- Boire suffisamment pendant le repas ET entre les repas.
- Avoir un régime riche en céréales complètes, légumes et fruits.
- Avoir une activité physique régulière et même pratiquer un peu d'abdos.
- Avoir une heure régulière pour se présenter aux toilettes même si on n'en a pas envie.
- Utiliser un traitement non agressif, phytothérapie, homéopathie, ou des suppositoires de glycérine lorsque c'est le rectum qui est paresseux.
- Pratiquer dix minutes par jour de respiration abdominale (voir chapitres « Exercices »).

Abus de laxatifs

Les médicaments non toxiques contre la constipation sont les fibres alimentaires en comprimés ou en poudre, les sucres non absorbés tels que le lactulose, les mucilages, les huiles de paraffine en occasionnel et le polyéthylène glycol (PEG) hautement polymérisé.
Leur action a ses limites ; la tentation est grande d'avoir recours aux laxatifs chimiques plus drastiques. Mais leur utilisation répétée agresse la muqueuse du côlon. Celle-ci devient lisse comme une toile cirée et de couleur noire (mélanose colique) au lieu de rester recouverte d'un lit de cellules enveloppées de mucus protecteur. C'est la « maladie des laxatifs », qui touche des milliers de constipés et qui entraîne à consommer encore plus de laxatifs agressifs !

Diarrhées, l'épuisement par le vide

La diarrhée est associée dans l'esprit de tout le monde à des selles liquides ou très molles, mais sa définition repose sur la quantité et la fréquence. À partir de 300 g par jour ou de plus de trois selles par jour, il convient de parler de diarrhée. Bien entendu, personne ne pèse ses selles ; c'est sur la consistance, l'existence de fièvre, de douleurs, de gaz, voire de sang que l'on s'inquiétera pour consulter.

La plupart des diarrhées sont de courte durée et liées à des infections (virales le plus souvent), les fameuses gastro-entérites. Mais il s'agit parfois d'infections microbiennes du fait d'aliments souillés par des bactéries ou de conditions sanitaires particulières (la fameuse turista, par exemple).

Diarrhée et phobie scolaire

La diarrhée est un des symptômes de l'angoisse qui se manifeste dans le corps, sur l'intestin en particulier. Chez les adolescents, cette anxiété qui « dérange » l'intestin peut être la source de cours séchés à répétition. L'ado sera bien souvent pris pour ce qu'il n'est pas (un paresseux) alors que c'est l'anxiété, celle en particulier de bien faire, et la peur que la diarrhée le surprenne au milieu d'un cours qui l'éloignera du lycée. On retrouve avec une moindre fréquence cette tendance chez les adultes qui travaillent dans des entreprises où les toilettes sont difficilement accessibles.

Au-delà d'une dizaine de jours au maximum, il convient de parler de diarrhée chronique, dont les causes sont plus variées, infectieuses bien sûr mais aussi liées à l'anxiété, à des maladies spécifiques de l'intestin, à un dysfonctionnement de la thyroïde.
La diarrhée pose un problème crucial chez le nourrisson par le risque de déshydratation et ne doit jamais faire négliger ce qui peut ressembler à une simple gastro.
Parmi les causes les plus fréquentes dans nos pays, l'anxiété et le côlon irritable sont au premier rang. Leur diagnostic se fait par élimination de causes plus graves par des examens appropriés chez le médecin ou le gastro-entérologue.
Les intolérances au lactose et au gluten sont controversées et font débat actuellement. Selon certains, un régime sans gluten ni lactose serait bénéfique pour l'ensemble de la population.
Les maladies comme la recto colite hémorragique, la maladie de Crohn et la maladie caeliaque nécessitent un diagnostic précis et un traitement spécifique.

Boissons au cola, intox, pas info

La mode consistant à donner des boissons au cola aux nourrissons et aux enfants diarrhéiques est une intox et pas une info. Bien sûr, cela apporte de l'eau de manière agréable. On sait que lorsqu'on souffre d'une gastro, l'eau pure est mal supportée et peut même faire vomir. Mais ces boissons contiennent trop de sucre et pas de sel. Elles ne réhydratent donc pas et sont sans grand intérêt. Mieux vaux de l'eau coupée de jus de fruit sans pulpe ou un bouillon de légumes assez salé que nos grands-mères savaient si bien préparer. Une exception tout de même : si vous avez la turista dans un pays où l'eau vous paraît douteuse, les boissons au cola ont l'avantage d'être stériles et encapsulées.

Cancer colorectal : 100 % évitable

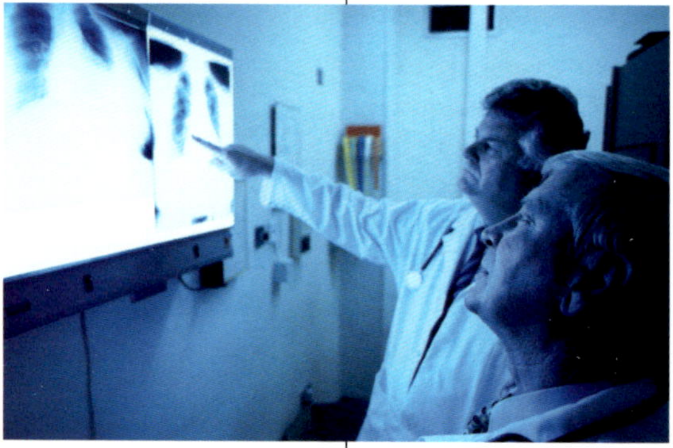

Tout le monde a peur du cancer et aimerait pouvoir s'en prémunir. Parmi tous les cancers, celui du côlon et du rectum a l'immense avantage de pouvoir être identifié avant même qu'il ne soit un cancer. Passer une radio des poumons tous les mois est dangereux et ne protège pas du cancer ; subir une mammographie trop souvent est dangereux et ne protège pas du cancer. L'examen du rectum et du côlon par la fameuse coloscopie permet de voir les polypes et de les enlever avant qu'ils ne se transforment en cancer, au bout de quelques années.

Autant dire que le dépistage de ces polypes est vraiment indispensable car on pourrait éviter la majorité de ce type de cancer si toute la population faisait ce qu'il faut en matière de dépistage.

La coloscopie en pratique

Il vous faudra observer durant les trois jours qui précèdent un régime pauvre en résidus (sans fruits, légumes, aliments frits) à base de pâtes, riz, œufs coques ou durs. La veille, vous boirez une préparation purgative afin que le côlon soit net et propre pour l'œil du gastro-entérologue. La coloscopie se pratique sous anesthésie générale courte, bien supportée en général. Elle consiste à introduire par l'anus un fibroscope qui permet de voir l'ensemble du côlon et de pouvoir directement enlever les polypes, s'il y en a, par un jeu de pinces qui coulissent à l'intérieur du fibroscope. Si on vous enlève des polypes, vous ne ressentez rien au réveil et il n'y a aucune suite.

Des maladies génétiques heureusement rares échappent à ces règles optimistes, en entraînant des cancers assez précoces. Ceux qui appartiennent à ces familles sont en général au courant et suivis scrupuleusement.
Les hommes sont statistiquement plus touchés que les femmes, à la fois par prédisposition génétique mais probablement aussi parce qu'ils sont plus exposés aux facteurs de risque, tels que le tabac, l'alcool et la consommation de viande rouge.
Si la quantité de viande en général est en cause, la viande rouge est beaucoup plus dangereuse pour ce type de cancer. Ceux qui souhaitent vraiment se protéger peuvent éliminer de leur alimentation ces viandes au profit du poisson et des viandes blanches ; contrairement à une idée reçue, la viande rouge n'est pas du tout nécessaire à la santé : on peut vivre sans jamais en consommer. Le fer sera apporté par les autres viandes, les œufs, les céréales.

Les recommandations du dépistage

Chez toutes les personnes de plus de 50 ans et de moins de 74 ans, une recherche de sang dans les selles sur trois jours doit être faite. On peut demander à son médecin, mais beaucoup de collectivités locales organisent régulièrement des campagnes de dépistage gratuit. Si le test est négatif, tout va bien ; il convient de le répéter tous les deux ans. S'il est positif, il faut passer une coloscopie.
Si des symptômes tels que ballonnements, diarrhées, douleurs apparaissent, il est préférable de consulter. Le médecin jugera si une coloscopie est nécessaire.
Si vous avez un antécédent familial de cancer du côlon ou du rectum, la coloscopie s'impose d'emblée, dès l'âge de 45 ans, ou 5 ans avant l'âge auquel le parent a été atteint.

Cancer du côlon : les facteurs de risque à éviter

- Le manque chronique de fer ;
- Le manque chronique de lumière (cancer plus fréquent dans les pays moins ensoleillés) ;
- Le tabac ;
- L'alcool en excès ;
- Le sucre et les aliments industriels riches en sucre caché ;
- La consommation excessive de viandes, surtout rouge ;
- Le fait de trop cuire les aliments, surtout la viande.

Diverticules : les microbes se fâchent

La diverticulose colique est le nom donné à cette maladie apparue au cours du XXe siècle, qui se traduit par la formation de toutes petites hernies dans la paroi du côlon.

Un diverticule n'a rien à voir avec un polype, il ne se cancérise pas. Le polype est un repli de l'intérieur du côlon alors que le diverticule est une petite hernie qui fait saillie à l'extérieur du côlon. Le seul inconvénient de ces diverticules est qu'ils constituent des petites niches dans lesquels les selles s'accumulent et où les microbes peuvent pulluler jusqu'à parfois provoquer infection ou inflammation. Ce sont alors des douleurs, des gaz, des symptômes de colite qui peuvent empoisonner la vie de la personne qui en souffre. La formation de ces diverticules est due à une augmentation de la pression dans le côlon qui entraîne, dans les zones les plus faibles où les vaisseaux sanguins sortent de l'intestin, saillie et hernie.

Le côlon sigmoïde est le plus touché. Il s'agit de cette partie terminale, du côté gauche du côlon, qui est appelée ainsi car elle décrit un « s » avant de se prolonger par le rectum. Le nombre de personnes atteintes est proche de 40 % après 60 ans. Cela est logique, car c'est l'accumulation dans le temps d'erreurs diététiques qui les favorise ; on pense qu'il faut au moins 20 ans d'erreurs pour qu'ils apparaissent.

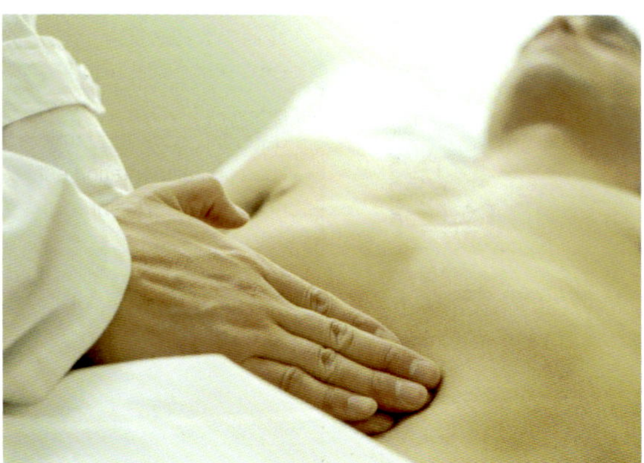

Parfois, se forment de petits cailloux de selles déshydratées que l'on appelle les stercolithes. Ces petits cailloux peuvent être une source de douleurs et d'infections mais rarement d'accidents graves.

Les diverticules ne donnent souvent aucun symptôme. On les suspecte dès l'apparition d'une constipation ou de

diarrhées avec des douleurs du côté gauche du ventre. Ils sont diagnostiqués par la coloscopie, ou le scanner. Le lavement baryté, moins utilisé depuis la généralisation de la coloscopie, permet de bien les visualiser.
Le traitement des diverticules consiste à modifier son alimentation en augmentant les fibres alimentaires des fruits, des légumes et des céréales complètes. Mais cela adoucira les symptômes sans faire disparaître pour autant les diverticules. Le traitement chirurgical est exceptionnel dans les infections rebelles ; il consiste à enlever le morceau d'intestin atteint : autant dire que cette intervention lourde est très peu pratiquée.

Les huiles essentielles pour éviter les antibiotiques

Les diverticules peuvent s'infecter et entraîner la diverticulite aiguë, que l'on appelle aussi sigmoïdite, car c'est le côlon sigmoïde qui est le plus souvent touché.
Les poussées d'infection dues aux diverticules nécessitent des antibiotiques qui sont très efficaces pour calmer douleurs et diarrhées. Mais la prise régulière d'un mélange d'huiles essentielles sous le contrôle d'un aromathérapeute pourra éviter, en agissant préventivement sur les pullulations de microbes au fond des diverticules, d'avoir recours trop souvent aux antibiotiques.

Une maladie du XXe siècle

Les diverticules semblent être le fruit des modifications de l'alimentation humaine au début de l'ère industrielle. Le raffinement du pain et des céréales – qui a diminué la ration de fibres –, l'augmentation de la viande au détriment des végétaux, la consommation de sucre raffiné sont probablement à l'origine de ces diverticules. Leur formation est en effet favorisée par le gonflement chronique de l'intestin sous l'effet des gaz de fermentation que nos alimentations déréglées engendrent.
De plus, les diverticules apparaissent surtout dans les pays industrialisés où l'alimentation est riche et déséquilibrée.

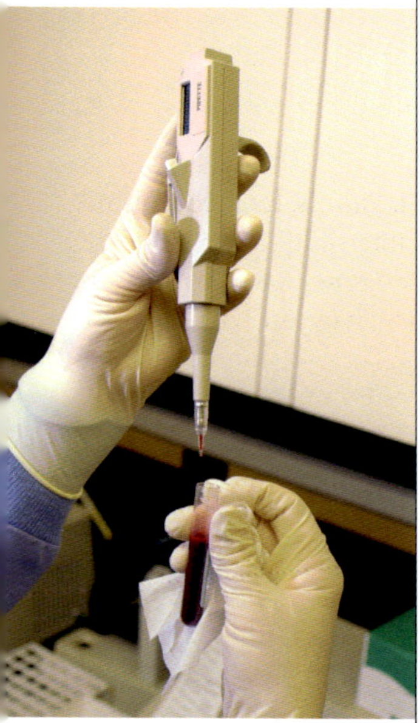

Les grandes maladies du ventre : Crohn, RCH, maladie caeliaque

La plupart du temps, les dysfonctionnements des intestins sont liés à une nervosité excessive et au stress ; ils se résument à des symptômes gênants mais sans caractère de gravité. Il existe malgré tout certaines maladies, plus sérieuses et qui nécessitent un traitement très pointu. La rectocolite hémorragique, la maladie de Crohn et la maladie caeliaque font partie de ces affections particulièrement gênantes.

La recto colite hémorragique (RCH) est une maladie inflammatoire de l'intestin de cause inconnue. Elle touche surtout le rectum mais atteint aussi le reste du côlon. Par contre, elle ne touche jamais l'intestin grêle. Les symptômes sont de la diarrhée, le plus souvent composée de sang mêlé à des selles ou des glaires, et des douleurs abdominales. Il y a une fatigue générale et une altération de l'état général. L'évolution de la maladie se fait par poussées, entrecoupées de périodes où tout va un peu mieux.

Le traitement de la RCH repose sur la salazopyrine et sur une diététique très pauvre en résidus, c'est-à-dire sans fibres. Parfois, la cortisone est nécessaire pour venir à bout de poussées plus coriaces.

Au pire, la chirurgie (heureusement exceptionnelle) s'impose pour enlever la partie de côlon la plus atteinte.

La maladie de Crohn est une maladie très voisine de la RCH. Parfois, les médecins ne peuvent établir la différence entre les deux, y compris après intervention et analyse de la partie de côlon retirée. Le traitement est voisin ; ce qui la différencie est qu'elle ne touche pas le rectum mais d'autres régions de l'intestin. L'atteinte la paroi du côlon est plus profonde lorsqu'on l'examine au microscope.
La maladie caeliaque touche plus souvent les femmes que les hommes, elle peut survenir à tout âge. Elle se manifeste par des diarrhées chroniques, des douleurs et, au fur et à mesure de son évolution, par des symptômes de malnutrition, comme si la personne atteinte était sous-alimentée. La cause est une allergie au gluten qui crée sur la muqueuse de l'intestin une réaction tellement forte que cela finit par détruire les précieuses villosités des intestins permettant d'absorber les aliments. Le gluten est une protéine présente dans plusieurs céréales (le blé, l'orge et le seigle).
Un test sanguin permet de fortement suspecter la maladie ; il consiste à doser certains anticorps (antiendomysium, antitransglutaminase). Le diagnostic est étayé par l'efficacité du régime sans gluten qui donne une amélioration spectaculaire à condition de supprimer totalement le gluten.
Mais la certitude ne sera apportée que par une biopsie (prélèvement d'un minuscule fragment d'intestin) et son analyse au microscope.
Il faut signaler que la maladie caeliaque est plus fréquente en cas de diabète insulinodépendant (type I), de lupus, de polyarthrite rhumatoïde ou de thyroïdite de Hashimoto.

Ne pas confondre maladie caeliaque et intolérance au gluten

Un grand nombre de gens constatent actuellement que leur état de santé s'améliore grandement en excluant le gluten de leur alimentation. Cela ne veut pas dire obligatoirement qu'ils ont une maladie caeliaque. Cela signifie que le gluten est devenu, au gré de l'agriculture intensive des céréales, une protéine de plus en plus agressive et que l'alimentation en comporte parfois trop. Si vous constatez que vous avez un bénéfice à diminuer la consommation de gluten, sans doute êtes-vous un peu intolérant au gluten, mais comme en toute chose, il convient de ne pas être excessif. Diminuer le gluten ne veut pas dire le supprimer totalement (sauf en cas de maladie caeliaque avérée).

Intestin et troubles métaboliques

Diabète et intestin

Le diabète est une maladie sévère qui demande à être traitée sérieusement. Il se définit comme une élévation du taux de sucre dans le sang, la glycémie. Chez le diabétique, la glycémie est élevée, au-dessus de 1 g par litre de sang.

20 % des Français souffrent de diabète. Il s'agit d'un diabète dit gras, de type II, parce que frappant des sujets pléthoriques victimes du syndrome métabolique, c'est-à-dire d'un excès de poids. Ils ont en général dépassé la cinquantaine, leur sang contient trop de sucre et de cholestérol. Cela peut avoir des conséquences graves sur le plan vasculaire, le sucre fragilisant les parois artérielles et capillaires. Ce diabète est en rapport avec une défaillance du pancréas. Cette glande sécrète une hormone, l'insuline, qui régule le métabolisme du sucre dans l'organisme et maintient constante la glycémie. Et un pancréas qui a épuisé son stock d'insuline engendre un diabète.

Mais l'intestin joue également un rôle important dans le maintien de l'équilibre du sucre. La muqueuse intestinale sécrète en effet des hormones, les incrétines, qui stimulent la sécrétion d'insuline. Lors d'un repas, les incrétines sont fabriquées en forte quantité et vont contribuer à maintenir constant le taux du sucre sanguin. Elles induisent 50 à 70 % de la réponse à une charge orale en glucose (sucre).

Il existe deux hormones incrétines : la GLP 1 produite au niveau rénal et colique, et la GIP, au niveau duodénal.

Chez le diabétique de type II, les incrétines sont sécrétées en moindre quantité, de 20 à 25 % en moins.
Certains médicaments sont actuellement mis au point pour activer la sécrétion des incrétines. La sita gliptine, par exemple, en inhibant l'action d'une enzyme, la DPP4, destructrice d'incrétines, favorise l'activité de ces hormones. On l'associe maintenant aux médications classiques du diabète de type II, Metformine et autres.

Cholestérol et intestin

Une toute récente découverte souligne l'importance de l'intestin pour combattre l'excès de cholestérol. Des chercheurs français de l'INRA ont identifié une bactérie dans le gros intestin capable de réguler le taux de cholestérol sanguin en le faisant baisser s'il est trop élevé.
On savait déjà que le rôle de la flore intestinale était important en l'occurrence. Mais on ignorait que quelques germes étaient responsables de cette action bénéfique. Le germe précis, Bacteroides doreis, a maintenant été identifié comme étant cette bactérie bénéfique. Présente dans le côlon, elle transforme le cholestérol en un dérivé du « coprostanol » qui sera éliminé avec les selles.
Grâce à Bacteroides doreis, et au-delà d'une certaine concentration, le cholestérol apporté par l'alimentation est totalement éliminé de l'organisme sous forme de coprostanol.
Aux Etats-Unis, des chercheurs ont fait ingérer ce type de bactérie à des lapins. Ils ont enregistré une baisse moyenne de 20 % du taux de cholestérol sanguin. Ce chiffre de 20 % de cholestérol éliminé par l'intestin est important à signaler. Il représente très précisément la quantité de cholestérol apportée par les aliments.
Même par des régimes très stricts éliminant tout apport lipidique, on ne peut espérer faire baisser le cholestérol de plus de 20 %, qui représente l'apport alimentaire. 80 % du cholestérol est élaboré par l'organisme et sera utilisé pour réaliser différentes synthèses : hormones surrénaliennes et sexuelles. Le cholestérol n'est donc pas tant dangereux en lui-même que par son excès, qui induit la formation de plaque dure infiltrant les parois tissulaires. C'est l'athérosclérose, débouchant sur l'artériosclérose.

Ventre et tempérament

Le grand maître de la médecine, Hippocrate, avait décrit les grands tempéraments de chaque être humain et en avait décrit quatre. Cette vieille classification garde aujourd'hui encore, au travers des progrès de la science et de la biologie, toute sa pertinence. Les tempéraments nerveux, lymphatique, sanguin ou bilieux sont assez aisés à reconnaître : une simple poignée de main suffit à reconnaître l'un parmi les autres.

Tentez l'expérience lorsque vous serrerez la main d'un ami ou d'un membre de la famille. La main est-elle chaude ou froide ? La main est-elle sèche ou humide ? Ces simples réponses permettent de classifier la main chaude et humide du sanguin, chaude et sèche du bilieux, froide et humide du lymphatique ou encore froide et sèche du nerveux.

Le tempérament est donné dès la naissance. Il est le plus souvent héréditaire et prédispose plus ou moins à certaines maladies ou perturbations.

Le ventre du **sanguin** est dominé par le côté circulatoire, des artères et des veines. La personne est sujette aux hémorroïdes, le plus souvent constipée et a souvent tendance aux varices des cuisses et des jambes. L'organe qui domine est l'intestin grêle, qui absorbe une nourriture souvent excessive. Le ventre est gros, le périmètre abdominal souvent supérieur au mètre. Mais la musculature n'est pas flasque pour autant et le sanguin possède des abdos, copieusement engloutis dans le tissu graisseux. Ce qui domine chez le sanguin, c'est l'assimilation, de tout.

Le régime alimentaire idéal serait de délaisser les produits carnés et les excitants tels que café, alcool, mais c'est hélas ce qu'il préfère souvent consommer.
Les sanguins pourront avoir recours à l'aubépine, à l'ail en petite quantité, à la reine-des-prés, à l'olivier et au romarin.
Le ventre du **lymphatique** est dominé par l'eau en excès. Il peut être constipé, mais son problème est le plus souvent l'alternance de diarrhées et de constipation. Sa peau est moite, son ventre normal ou gros est froid. Les organes dominants sont les lymphatiques, bien sûr, mais aussi le foie et les reins. Dans son métabolisme, c'est la difficulté à éliminer qui domine, ainsi que la lenteur des réactions.
Les muscles sont mous, le ventre a tendance à ployer sous l'effet de la pesanteur. Le régime idéal pour lui évitera les laitages qui aggravent sa rétention d'eau et de toxines, mais évitera aussi les régimes trop végétariens à base de légumes et de salade au détriment des protéines. Les œufs sont un aliment idéal, qui contient des protéines facilement assimilables et qui stimule le métabolisme. Les plantes qui lui conviennent sont la douce-amère, le fucus, le noyer et l'orthosyphon.
Le ventre du **bilieux** est chaud et tendu. La constipation et les gaz dominent le tableau ; c'est un colitique qui se spasme à la moindre contrariété. Il digère mal les graisses et les aliments trop riches en général. Les épices, malgré leur côté antioxydant, ne doivent pas être consommées en excès car elles sont mal tolérées. Les organes dominants sont la vésicule biliaire, le pancréas et le côlon. La fermentation et les déséquilibres de la flore intestinale sont ce qui domine le fonctionnement. Les bilieux auront tout intérêt à consommer beaucoup d'aliments crus et frais, et à fuir les matières grasses animales. Les plantes qui sont bénéfiques seront la chélidoine, le boldo, l'angélique et le chardon-Marie.
Le ventre du **nerveux** est tendu, le plus souvent mince. La peau est froide et sèche. Le plexus solaire est tendu, le ventre est contracté malgré une musculature fine et peu développée. Les organes qui dominent sont l'estomac et les nerfs de l'abdomen. Le fonctionnement est tourné vers la difficulté à éliminer mais aussi la tendance à trop brûler de l'intérieur. D'ailleurs, les aliments chauds sont souvent mal tolérés, au profit des aliments crus et froids. Les plantes qui conviennent bien aux nerveux sont la valériane et la passiflore.

LES DIX CLÉS DE LA FORME PAR LE VENTRE

Mastiquez ! Lentement et mangez en dehors de toute condition de stress, de précipitation ou de sollicitation extérieure. Songez à écouter de la musique, à discuter en famille ou à savourer le silence, plutôt que de regarder les informations à la télé. N'oubliez pas que lorsqu'on vous annonce des catastrophes par le biais de l'image, vous avalez toute cette négativité en même temps que la bouchée mal mâchée que vous ne savourerez même pas.

Mangez ! Des aliments de bonne qualité, frais et cuisinés à la maison. Évitez les aliments préparés industriellement ou l'utilisation systématique du micro-onde. Donnez la préférence aux légumes et aux fruits. Consommez les laitages de façon modérée, en privilégiant les laitages de brebis ou de chèvre. Consommez de l'alcool avec modération, de préférence un bon vin rouge (un petit verre par jour pour les femmes, deux petits verres chez les hommes).

Bougez ! Veillez à avoir une activité physique régulière et plutôt endurante. La course, le vélo, la marche sont des outils précieux qui massent l'abdomen et facilitent un transit de qualité.

Respirez ! Chaque jour, essayez de marcher au plein air, au contact de la nature et posez-vous pour simplement respirer. La respiration abdominale, celle qui donne un ventre ferme et sain, deviendra automatique si vous vous astreignez à la pratiquer un peu tous les jours.

Libérez vos intestins ! Évitez la constipation et ne vous retenez jamais d'aller à la selle parce que vous n'avez pas le temps. Apprenez à passer outre ces blocages stupides qui nous empêchent d'assouvir ce que dame nature nous demande. Habituez-vous à aller à la selle sur votre lieu de travail, en voyage, dans le train, partout.

Buvez ! Hydratez-vous copieusement. À la question « Entre les repas ou pendant les repas ? » la réponse est simple : les deux. L'eau est le véhicule précieux de la vie. Buvez aussi des jus de fruit frais, de bonnes tisanes, du thé modérément pour ses antioxydants.

Respectez votre ventre et vos intestins ! Ils sont votre « second cerveau ». Ne les agressez jamais avec des laxatifs drastiques, des lavements intempestifs dignes d'un autre âge. Les intestins ne sont pas une tuyauterie à décrasser : ne vous laissez pas aller à l'obsession de la propreté intérieure. Les intestins sont des organes vivants, pas des tuyaux !

Soyez joyeux ! Cultivez les émotions positives et consacrez un peu de temps à la pratique du yoga, de la méditation, de la relaxation ou à tout ce qui peut vous habituer à éloigner les émotions négatives pour faire rejaillir la source de la vie en vous, qui n'est que joie et amour de soi dans le partage.

Nourrissez-vous de ce que la nature vous donne ! Epices aux vertus antioxydantes, herbes fraîches parfumées et digestives doivent rejoindre votre quotidien pour une douce assimilation des micronutriments essentiels.

Ressentez et palpez votre ventre ! Allez à sa rencontre par le massage, la palpation et le pétrissage de l'abdomen qui ramène à la conscience les nœuds et les blocages passés inaperçus. Votre ventre est votre ami ; l'amitié se cultive et s'entretient.